Para olvidarte te escribo

Francisco Montes Membrives

U

Para olvidarte te escribo

u

Depósito Legal: AB 349-2018
I.S.B.N.: 978-84-17487-20-1
Impreso en España

unoeditorial.com
info@unoeditorial.com

Para olvidarte te escribo

Francisco Montes Membrives

U

A mi hijo Eric y a Chelo, mis amores.

Puede ser una locura meterse en este lío.

Por fin encontré fuerzas y ganas de releer unas anotaciones que, en plan diario, empecé a escribir en plena lucha con el cáncer y sus secuelas. Esas anotaciones incompletas que abandoné hace varios años me impactaron mucho al repasarlas por varias razones. La más contundente fue la potente carga emocional que me transmitieron, y también por lo difuminado e impreciso que lo tenía en mis recuerdos cuando apenas habían pasado tres años.

Aunque recordar tanto dolor puede ser imprudente, lisérgico, para mi estabilidad emocional, mi nefasta memoria me empuja a volver a escribir, a completar con perspectiva el relato y a no temer, a no ignorar tanto bien recibido, a tanto mal encajado, y a no renunciar a tanta pasión, coraje y generosidad.

Todo gira en torno a una enfermedad, pero no deseo que sea la protagonista de esta historia. Quiero que sea la vida en sí, la experiencia vital, las personas en su acción, en sus actos y sentimientos. Es una experiencia no deseada, pero vivida, que cambió la forma de enfrentarme a la vida, modificando mi físico y mis facultades.

Lo más sano sería quitarla de encima, dejarla dormida, inane en mis adentros. Ha sido muy doloroso el camino recorrido, me ha llevado al límite, donde no se puede dar un paso más, porque más allá solo está el frío y el vacío. No vi ni túneles, ni luces, ni voces que me llamaban. Este relato no te va a contar eso, pero te puedo asegurar que estuve mirando de frente la nada.

Doloroso ha sido, pero el premio de vivir, de disfrutar de más tiempo, vale por todos los esfuerzos hechos y por hacer.

Y si no quiero que viva en mí, quizá lo más sensato sea escribirla y aparcarla en una estantería. Ahí estará siempre, sin hacer daño, dándome el gusto de olvidar después de hacer justicia a lo vivido.

Si quieres saber, solo hay que escuchar o leer, y yo soy el más interesado, porque quiero desterrar el dolor de mi cabeza.

Como puedes comprobar, me he puesto en ello no sin esfuerzo, ya que si soy malo en memoria, peor soy en ordenarla. Pero estoy ansioso de vivir este desafío. Escribir es un reto que me va a exigir mucho.

Lo más importante es que sea capaz de hacerlo de frente, abriéndome en canal, siendo sincero, aunque duela. Dicen que antes de escribir algo se debe de pensar bien sobre ello, pues bien, no sé si pensaré bien o mal, pero estoy dispuesto a exponerme. Es la única manera de que mi deseo de olvidar se cumpla.

Nunca me ha gustado ser protagonista de nada, ni siquiera de las cosas buenas. Y menos aún me ha gustado ser víctima, y menos hacérmela.

Y, por supuesto, tengo que hacer entendible esta historia, a que valoren mi agrafía, porque en esto de juntar letras la única experiencia que tengo son los fax y emails que enviaba en el trabajo con el típico «esperando su respuesta, reciba un cordial saludo» y las pocas e inconfesables cartas que escribí a mi novia, hoy mi mujer, cuando por allá en los ochenta del siglo pasado hacía el servicio militar.

Alguien muy listo dijo una vez que al enemigo hay que ignorarlo porque es lo que más le fastidia. Y mi enemigo es el dolor vivido y para olvidarlo, lo escribo.

Haz algo, describe, escribe

El grupo musical La Unión cantaba:

Dónde estabas,
dónde estabas,
en los malos tiempos.

El hospital de Bellvitge es uno de los grandes hospitales de Barcelona. Llevaba unas cuantas semanas ingresado en la planta 13, en una modestísima habitación que a duras penas caben dos pacientes con sus dos camas, dos sillones y un minúsculo lavabo. Es todo muy humilde, digamos que feo. La habitación está pintada con una pintura plástica de esas lavables que no sé cuántas manos llevará de pintura, digamos que más de las que puede recordar el jefe de mantenimiento. Las camas son de esas mecanizadas pero antiguas, de hierros estrechos pero fuertes. Al lado de cada cama hay una pequeña repisa con un cajón abajo que hace la función de mesita y de despensa a la vez, y una especie de armario muy estrecho y con poco fondo, suficiente para guardar una muda o, mejor dicho, amontonarla. Hay dos pesados y robustos sillones que aparte de ser útiles para los enfermos, también lo son para las personas que acompañan a los ingresados. Cumplen su menester, pero solo de día. Son insufribles como los tengas que utilizar para pasar la noche y dar amparo a tu protegido. Hay dos sillas más de esas plegables para dar cobertura a más visitantes que serían útiles en una habitación un poco más holgada, pero en ese espacio se me antojan molestas.

Al cuarto de aseo me gustaría llamarle minimalista, pero solo se queda en mini. Lavabo, espejo, bidé e inodoro en un espacio no mayor de 2 metros cuadrados, sin ventana ni ventilación natural, lo convierten en un espacio incómodo y claustrofóbico. Hay una pequeña televisión colgada justo enfrente de las camas, que funciona como el Canal Plus, con euros, pero en metálico y solo viendo las cadenas de siempre. Dos mesillas plegables con ruedas para poder comer sobre ellas, entre otros múltiples propósitos, completan el mobiliario. Había cogido un virus de quirófano en la reciente operación (que aún no te he explicado y que explicaré más adelante), que me daba por lo menos el privilegio de tener toda la habitación para mí solo, aunque me incomunicaba de los demás pacientes de la planta por ser contagioso. Ahí empecé mi diario, la necesaria voluntad de dejar negro sobre blanco las muchas cosas que quería contar y contarme. Tenía un tubo metido por la nariz hasta el estómago por donde me alimentaba, una traqueotomía por donde respiraba y vendas por todo el pecho y cuello tapando las muchas heridas abiertas de la última operación, para mí última, pero en realidad fue la primera de tres que mi cuerpo, cansado y castigado por las 33 sesiones de radioterapia, que tampoco he explicado pero explicaré, no era capaz de cerrar. No podía comunicarme con normalidad al tener el traqueostoma. Apenas podía gruñir unos cuantos sonidos, más parecidos al ruido de una alimaña que a una persona. Una pizarra y un rotulador que se borraba con la mano era la forma más eficaz de hacerme entender.

La habitación tenía una gran ventana acristalada orientada al sureste, sin duda lo mejor de ese espacio. Muchos amaneceres he visto desde esa ventana, cómo poco a poco se iban apagando o encendiendo las luces de la ciudad, observando el tráfico de coches, motos y camiones que circulan por la ancha autovía que ejerce de gran arteria entre Barcelona y varios pueblos cercanos del Baix Llobregat.

Al otro lado de la gran vía se ve parte del Hospital Oncológico.

Antes de que empezaran todos mis problemas y fuera yo mismo paciente de este necesario hospital oncológico, lo había mirado con tristeza, ya que mi madre falleció en él, apenas cinco meses después que le diagnosticaran su enfermedad en el año 92.

Nadie está preparado para afrontar un cáncer. Tienes que ir pasando etapas y superándolas. Desde que detectas que algo va mal, desde que te confirman la enfermedad, desde que afrontas el primer tratamiento y empiezas a pagar el precio de ello, todo eso, por más que lo hayas visto en otros familiares o amigos, o hayas leído y te hayas informado, tu enfermedad la vas a vivir de una manera diferente, tus problemas son comparables con otros, pero no van a ser iguales.

Entran en juego tantos factores... Tu estado físico y mental, los recursos que ponen a tu alcance, tanto los humanos como los técnicos, tus seres queridos, y hasta lo que algunos llaman suerte y otros le llaman destino.

Yo, si no fuera por Chelo ya sería un recuerdo. Esto es así. No hay camino si no das el primer paso y ella me obligó a darlo.

Os explicaré cómo su fe y su tesón ayudaron a hacer posible mi supervivencia.

Ella, en el momento más crítico y dramático, exigió esperanza, reclamó con fe ciega que se podía superar a la muerte que anunciaba mi estado.

Y cuando uno lucha con ese tesón, los mejores, los auténticos, te siguen y se implican. Y así fue como adquirí deuda de vida con más personas.

Intentaré describir en los pasajes siguientes toda la ayuda recibida de los que estuvieron conmigo en primera línea, pero no puedo dejar de pensar que voy a ser injusto, porque no tengo palabras para describir tanto bien recibido.

No solo es lo que me dieron, lo que ellos saben, sino cómo me hicieron sentir, que todo eso lo llevo dentro. Algunos, con sus actos me dieron vida, y otros, con su presencia, sus horas de acompañamiento y su compromiso, me dieron esperanza y calor.

Ojalá fuera lo único que se necesita para superar esta situación. Muchos son los que bien arropados de su gente no han podido salvar este terrible mal.

También es importante asimilar que tú eres el actor principal. Si no eres capaz de creer y de aceptar, estarás jugando muy mal tus cartas.

Coger a tiempo la enfermedad, que no se extienda a otros órganos, o que seamos capaces de sobreponernos a los tratamientos que aplica hoy en día la medicina es fundamental. La intensidad del mal generalmente marca la frontera para que la recuperación sea posible. Quién no conoce o tiene en su círculo más cercano a alguien que ha fallecido por un cáncer de mama cuando hoy día tienen un alto índice de recuperación.

También tengo un conocido que unas navidades le diagnosticaron un cáncer en los testículos que, en espacio de tres semanas, con una pequeña intervención, le pudieron erradicar el mal. Él me explica que ha sido una de las experiencias más angustiosas de su vida. Pasó de puntillas por un gran mal gracias a que la enfermedad estaba muy poco desarrollada.

Nuestro estado mental es otro factor determinante. Tratamientos oncológicos, en muchos casos operaciones e ingresos hospitalarios, empiezan a marcar tu agenda. Entra en juego la inseguridad que da cambiar de golpe toda la rutina que tenías hasta entonces. Sabes que tienes una enfermedad que puede ser mortal, que tu cuerpo puede sufrir cambios notables como la pérdida de pelo, pérdida de peso o amputaciones y deformaciones de órganos. Piensas en las personas que te necesitan o dependen de ti. Que tu estatus social y económico va a ser modificado. Tu universo cambia y tu manera de afrontar los problemas va a ser determinante. Tienes que confiar en que vas a tener futuro, que vas a poder afrontarlo siendo positivo y paciente.

Cómo vas a sacar adelante una situación que tú mismo no crees que puedas superar.

Sé que la sanidad española está preparada para combatir el cáncer. Otra cosa es que esos medios los pongan a nuestro alcance.

Los recursos humanos están preparados, pero son insuficientes. Y los recursos técnicos están limitados, algunos cerrados, otros desaprovechados, y lo que es más descorazonador es que no son renovados.

La primera visita que hice al oncólogo me impresionó la cantidad de pacientes que estaban en la consulta. Mi opinión en lo humano lo dejo para más tarde, pero viendo la multitud de pacientes en la sala de espera, y sabiendo que el tiempo juega en contra de los enfermos de cáncer, no puedes más que constatar que los profesionales que están al frente están desbordados.

Ahí empieza un embudo que para algunos pacientes va a ser su primer escollo, pero no el único. El sistema sanitario, por lo menos en los grandes hospitales públicos, está saturado.

Los dos tratamientos más comunes son la quimioterapia y la radioterapia.

Tenía una idea preconcebida de que la quimio era mucho más dañina que la radio. En mi caso no fue así, tal como explicaré más adelante. Como dije antes, cada uno afronta esta enfermedad de una manera muy parecida, pero a cada uno le repercute de manera diferente.

Diario abierto, lunes 15 de noviembre de 2010

Escribo este diario en un momento delicado de mi fortaleza mental. Necesito reforzar los buenos impulsos, ser positivo. La actitud es lo que me ha hecho superar un recorrido largo y duro. Necesito recordarme a mí mismo de dónde vengo y hacia dónde voy.

Así empezaba mi diario. Apenas cuatro líneas describiendo un pensamiento y una angustiosa realidad. No tenía fuerzas para escribir nada más. En su momento, escribir esa pequeña anotación fue todo un logro, pues me costaba concentrarme y despejar la espesa neblina que tenía en mis dormidas neuronas, e incluso teclear en el ordenador se me hacía pesado y cansado. Venía de un largo recorrido de ingresos hospitalarios, tratamientos de radio y quimioterapia y una operación a vida o muerte. Mi presente me pedía que reaccionara.

Aún tendría que pasar por muchas situaciones difíciles y dramáticas, pero aún no lo sabía. Mi presente ya era desesperante y en mi futuro se ocultaban situaciones mucho más complicadas.

Necesitaba describir mi situación física y mental porque no era capaz de diferenciar ni comparar mi estado de semana en semana. No era capaz de palpar mejoras y avances. Los días eran todos muy parecidos y mi estado físico y mental era lamentable. Pensé que describiendo el día a día podría compararlo en el tiempo de una forma fehaciente y ser más consciente de mi realidad.

Ahora, con más perspectiva, estas pequeñas reflexiones y descripciones de mi día a día fueron todo un acierto, han cumplido su cometido, aunque de una forma muy superficial. Han servido como señales que vamos dejando en un laberinto para poder volver al principio.

Cuando empecé a releer todas esas notas que fui dejando, me di cuenta de que mi cabeza estaba desechando toda esa experiencia vivida. Confundía el orden de los acontecimientos e incluso había olvidado el nombre y el rostro de infinidad de personas que interactuaron conmigo en las situaciones más difíciles de mi vida, aunque hay cosas que tengo grabadas a fuego, que vivirán conmigo para siempre.

Cosas que me hicieron mucho bien, pero también mucho daño, que me llevaron al límite tanto en mi estado físico como en mi salud mental.

La vida es maravillosa.
Estar vivo, respirar y ver el sol es un don.
Y de hecho no hay nada más.
Michael Crichton

Entender esta frase parece simple, pero tenerla presente en tu forma de vivir se hace complicado.

Cuántas veces en tu vida te has preocupado de respirar, una, dos, tres. Un susto en una piscina o un pequeño atragantamiento, no sé, piensa cuánto duró. Respirar es maravilloso, pero solo al que le falta el aire es capaz de valorarlo. O ¿has pasado frío alguna vez? Durante cuánto tiempo estuviste temblando como un cachorro desvalido.

Me faltó el aire muchas veces, incluso hasta el desmayo, y cuando la sangre no fluye por tus venas no hay lumbre que te caliente. La muerte es frío, te viene desde dentro, no tiene nada que ver con la temperatura exterior.

Vengo de haber tocado la nada, de mirar al vacío, del frío, de estar a punto de ser un recuerdo para los míos.

El día que empezó todo

Todo tiene un principio y un final,
hasta el sol.

Mejor será que ponga orden al relato porque siempre hay un principio, un día, una hora, un momento en el que empieza todo.

Alguien dijo una vez que los verdaderos problemas vienen un martes cualquiera a las cuatro de la tarde. O sea, cuando menos te lo esperas.

Para mí empezaron una mañana de agosto de 2009, sobre las nueve de la mañana. Respiraba un aire limpio y marino, a pleno pulmón. No había tubos ni vendas por mi cuello. La única vez que había pisado un quirófano fue ya hacía varios años, en una cómoda clínica privada, para hacerme una sencilla operación de menisco mediante artroscopia.

Las únicas marcas que había en mi cuerpo eran las de la almohada después de haber dormido a pierna suelta toda la noche.

Estaba relajado y feliz, ignorante del camino que tendría que recorrer los próximos años.

Disfrutábamos de las vacaciones de verano en la Costa Brava. Hacía ya unos días que me mareaba un poco cuando me agachaba y levantaba. Siempre he tenido la tensión baja y no le di mucha importancia. Mientras me afeitaba fue cuando descubrí dos pequeños bultos en el cuello, uno a cada lado, por debajo de las orejas. Eran pequeñas montañitas que a simple vista no se veían, pero al tacto eran duras y redondeadas. Automáticamente pensé que no era un mal menor.

Lo comenté con mi mujer y los dos decidimos no abrumarnos y esperar hasta que fuéramos a ver a un especialista. Terminamos los días de descanso con aparente normalidad, disfrutando del mar, de la pesca y de la familia, aunque por dentro estaba inquieto y un poco asustado.

La primera consulta médica la hice cuatro días más tarde, un 23 de agosto de 2009, un día antes de incorporarme a trabajar. Fuimos a un modesto centro médico privado que hay cerca de casa, donde me atendieron en urgencias.

La doctora que me visitó no aventuró nada, palpó los dos bultos con atención. Yo no paraba de vigilarle la mirada buscando algún signo de preocupación o alerta. Fue entre templada y fría en sus explicaciones, sin aclarar lo más mínimo lo que me pasaba. Mandó una ecografía que me hicieron esa misma tarde.

La persona que me hizo la ecografía, que no sé si era médico o enfermera, al terminar la prueba me dijo que me moviera y rápido, que buscara ayuda profesional lo más pronto posible.

¿Que buscara ayuda profesional? ¿No estaba ya en un centro médico? ¿A quién pido ayuda? ¿Qué especialista es el más cualificado para consultarle? ¿Qué es lo que has visto? ¿Dónde pido ayuda? ¿Es cáncer lo que has visto? ¿No me puedes ayudar?

Ninguna pregunta fue contestada de manera rotunda. Solo me repetía que me moviera, pero era incapaz de decirme en qué dirección.

Fue una situación que me descolocó totalmente. Lo único que entendí es que podía ser un mal menor, pero también el síntoma de un mal mayor.

Al día siguiente tuve que incorporarme al trabajo, con el problema añadido de que Manolo, el gerente de la empresa, estaba de vacaciones, por lo que estaba de máximo y único responsable durante toda la semana y, encima, el día que abrí la empresa me encontré un boquete en la pared por el cual unos cacos habían entrado a robar por el almacén de la planta baja. Tenía la obligación profesional de atender esta urgencia, hablando y denunciando el caso a los Mossos d´Escuadra, intentando que los de la alarma revisaran todos los componentes instalados y ampliarlos, llamar a los paletas para que taparan el tremendo agujero hecho por los rateros, etc., etc. Total, que me tuve que preocupar de muchos temas esa semana, dejando en segundo plano mis dos bultos laterales. Debía posponer las visitas médicas una semana hasta que llegara la normalidad al trabajo.

Fue una semana muy difícil de llevar.

Teníamos un seguro médico privado que nos abría la posibilidad de ser visitados de una manera relativamente rápida en hospitales con buena reputación y así lo hicimos. Buscamos un especialista en la clínica Tecnon.

El doctor era especialista en cabeza y cuello. Llegamos a una sala de espera cómoda y amplia, donde solo había una pareja esperando su turno.

No esperamos más de 20 minutos. Nos invitaron a entrar al despacho del doctor, un despacho enorme y muy bien decorado, donde el especialista barajó varias patologías que podrían haber inflamado los dos ganglios. Desde la picadura de un insecto hasta una infección vírica. Nos programó una resonancia y un análisis de sangre.

La verdad es que después de la charla con el doctor salimos de la consulta algo aliviados y con la esperanza de que todo terminara en un mal menor.

Durante la siguiente semana me hicieron las dos pruebas. En cuanto tuvimos el análisis, y a la espera del resultado de la resonancia, quisimos dar un paso más.

Joaquín y Lola son dos amigos de toda la vida. Ella es médico y directora de un ambulatorio. Decidimos hablar con ellos y explicarles todos los pasos seguidos hasta entonces. Después de una pequeña regañina por no haber recurrido a ellos un poco antes, me puso en situación. Un análisis de sangre puede llegar a mostrar anomalías o síntomas de sufrir un cáncer. No era el caso. Mi análisis era correcto. Había que esperar la resonancia.

Cuatro días más tarde recogimos un CD con la resonancia y el informe con la conclusión. El informe era claro, no había ninguna sospecha de que mis ganglios inflamados fueran malignos.

No digo que me sintiera como un indultado de pena de muerte, pero fue un alivio importante. Fuimos a casa de Lola y Joaquín a que leyeran el informe y terminamos brindando con cava. Eran buenas noticias.

Los ganglios seguían inflamados, por lo que no había que cerrar el tema. Un poco más relajados, Lola nos aconsejó que nos pusiéramos en manos de un otorrino de su confianza.

Xavier tiene una consulta en la parte alta de Barcelona. Fue la primera vez que me senté en una silla específica de otorrino. En los próximos años será una butaca que visitaré frecuentemente. Después de una exploración con el fibroscopio, que lleva incorporado un tubo largo y flexible que te introducen por la nariz para llegar a la garganta, y después de mirar y remirar el CD con las imágenes de la resonancia, llegó la sospecha. Él veía un problema detrás de la amígdala. No sabía exactamente cuál, pero veía irregularidades detrás de este medio inútil órgano. La propuesta que nos hizo fue que entrara en quirófano para extirpar la amígdala, ver lo que hay detrás y punzar los ganglios para estimar la maldad de los mismos. Y que todo eso me lo haría por su consulta en Bellvitge, perteneciente a la seguridad social y no en un centro privado.

Horror. Todos los miedos volvieron. ¿Por qué había tanta diferencia de criterio de un informe a otro? ¿Por qué la seguridad social y no en un bonito y cómodo hospital privado que cubría el seguro médico?

La semana siguiente fue de mucho nerviosismo. Tenía visita en Bellvitge con Xavier el viernes por la mañana. Aproveché esa semana para visitar a otros especialistas antes de volver a reunirme con Xavier. Mi hermano David, ya avisado del problema, me había preparado visitas en otros centros, ya que no encajé de buen gusto las conclusiones del otorrino. Sorprendentemente, ningún titulado veía nada. Pero tampoco eran capaces de ser explícitos en conclusiones. Proponían calma y tiempo. Volver a repetir pruebas y que me pusiera en manos de un único médico que hiciera de gestor. Recibí buenas palabras. Las dudas eran inmensas.

Llegó el viernes y me dirigí a consultas externas del hospital de Bellvitge.

La visita con Xavier era en la planta 2. La sala estaba repleta de gente. Es una sala muy grande, con asientos incómodos de madera. Empiezas a ver que las personas que esperan visita para los otorrinos no se parece mucho a otras salas de espera que había visitado. Hay gente joven y mayor, de diferente estatus social. Ves bastantes personas con traqueotomía o con la marca inconfundible de haberla sufrido. Algunos cuellos oscurecidos por las sesiones de radioterapia y muchas personas con botellitas de agua para refrescar esa boca seca carente de saliva por las consecuencias del mismo tratamiento. Después de más o menos una hora de espera, me recibió Xavier en el despacho 6.

Entré muy nervioso, confundido y hasta agresivo. Le expliqué que había visitado otros médicos por la medicina privada y nadie veía nada concluyente en la resonancia. Le llegué a llamar «iluminado» por ver cosas que nadie más veía. Xavier fue paciente y resolutivo. Él ya tenía día y hora para extirpar la amígdala y punzar en los dos bultos laterales.

—Todo depende de tu decisión, Francisco, seguir este camino o ir a otro especialista por lo privado —dijo Xavier.

Supongo que la mayoría de nosotros, cuando tomamos decisiones en nuestra vida, solemos elegir las menos dañinas, las que menos dolor nos causen. En este caso, elegir la medicina pública era elegir un camino difícil de andar, aceptar la realidad más dolorosa.

Ahora, después de unos cuantos años o, como se suele decir, a toro pasado, las cosas son meridianamente claras. Los gastos ocasionados en mi curación se pueden contabilizar en centenares de miles de euros. Y la medicina privada tiene muchas cosas buenas, pero no deja de ser un negocio. Y un negocio muy rentable.

¿Hubiera sobrevivido a esta terrible enfermedad si me llego a tratar por una clínica privada? La respuesta quizá esté en las posibilidades económicas de que dispones.

La asistencia sanitaria pública es un tesoro para nuestra sociedad. Un tesoro que unos pocos pretenden convertirlo en oro en su propio beneficio, y que la inmensa mayoría deberíamos defender con uñas y dientes.

Unas semanas más tarde alguien me llamaba por mi nombre.

—Francisco, Francisco —insistía una enfermera buscando que reaccionase.

Despertaba en Bellvitge, en una sala redonda, rodeado de otras camillas con pacientes, algunos despiertos y otros aún por despertar de la anestesia. Se acercó Xavier, vestido con la típica indumentaria verde de quirófano, y me dijo que la extirpación de la amígdala había ido bien, pero los dos ganglios laterales inflamados eran cancerígenos.

—Puf... —Un profundo suspiro fue mi única reacción.

Unos días más tarde, después de una rápida recuperación, estaba convocado en la consulta de otorrinos. Chelo y yo nos encontrábamos en la sala de espera.

No podía dejar de mirar los diferentes pacientes que esperaban su turno. Estábamos asustados. Nos animábamos mutuamente sabiendo que el cáncer tiene diferentes intensidades. Yo me encontraba perfectamente. Ningún dolor, nada que indicara que estaba enfermo a no ser por los dos bultos laterales en el cuello, que ni siquiera se veían a simple vista.

Ya dentro de la consulta, Xavier nos confirmó que padecía de cáncer entre la garganta y el cávum. Era una zona muy pequeña, difícil de observar en la resonancia, que había producido la inflamación de los dos ganglios laterales, y el tratamiento seguramente sería la radioterapia, aunque me ponía en mano de los oncólogos para empezar lo más pronto posible los tratamientos más adecuados. Nos dijo que esperáramos en el mismo despacho, que vendrían los oncólogos a darnos las primeras premisas.

—Puf... —Esta vez el suspiro profundo lo dimos Chelo y yo a la vez.

Se presentó el doctor Mesía, oncólogo, acompañado de otros facultativos. Me dio visita en su despacho del hospital oncológico, enfrente de Bellvitge, para programar el tratamiento de quimioterapia y poner en marcha el de radioterapia. Allí me informaría de todo el proceso a seguir.

Fue un mazazo. Me quedé paralizado. Salimos hundidos del despacho. Camino hacia casa hablamos poco. Nos mirábamos. Las primeras lágrimas asomaban.

El hospital oncológico Durán i Reynals no creo que gane nunca un premio a su arquitectura. No lo visitaba desde el año 92, cuando mi madre estuvo ingresada en él.

Disponía de un aparcamiento bastante grande y gratuito (ahora ya no), pero no se encontraban muchos estacionamientos libres (ahora que es de pago, sí).

Está compuesto de dos edificios. Teníamos visita en consultas externas, situado en la primera planta del edificio horizontal a la autovía. Las diferentes salas de espera están todas en un largo pasillo, sin separaciones, Son muy austeras, con asientos de plástico tipo campo de fútbol. Estaban todas las salas abarrotadas.

El doctor Mesía tiene la consulta más o menos en medio de ese gran pasillo. Durante la hora larga que estuvimos esperando no dejaba de observar lo que me rodeaba. Había muchas mujeres con pañuelos en la cabeza, muchos hombres con gorra, muchas personas con poco peso corporal. También podías ver su cansancio y resignación. Todos iban acompañados de familiares o amigos y no era difícil adivinar quién era el enfermo y quién el acompañante. Todos menos nosotros, claro. Los dos teníamos la misma cara de susto y de incertidumbre. La misma cara que vi en otras personas en las diferentes visitas que hice los meses siguientes.

Ya dentro, donde te recibe la enfermera y están los despachos de los médicos, compruebas que el interior es aún más modesto que la sala de espera.

Nos acomodamos en un despacho minúsculo, y después de las presentaciones y pocas explicaciones, no más que las preguntas que hicimos y no todas con respuesta, me detallaron el tratamiento a seguir.

Ingresaría el lunes hasta el viernes, recibiendo tratamiento de quimioterapia las 24 horas del día durante los cinco días de la semana. Así hasta completar tres ingresos con descansos de dos semanas para recuperar, siempre que resistiera al tratamiento. O sea, máxima intensidad.

Me quedé blanco y en blanco. Acepté como acepta el pavo el día de Navidad.

Salimos del despacho muy superados por los acontecimientos. Nos informaron de que iba a ser un tratamiento muy agresivo y tóxico pero necesario para frenar e intentar eliminar la enfermedad.

Las lágrimas esta vez no asomaron. Una vez digerido el plan previsto pensé que tenía que afrontar lo que venía con entereza. Nuestro interior era un caos, pero por primera vez había un camino a seguir, el principio de un fin.

El sábado anterior al ingreso cenamos con Lola y Joaquín en un buen restaurante cerca de casa. Fue una cena espléndida, un canto a la esperanza y al optimismo. No solo disfruté de la compañía, sino también de los platos que degustamos, y del vino y los licores que regaron todos ellos.

No era consciente de que esa noche era la última cena lúdica que iba a disfrutar con el sentido del gusto y la deglución intactos para el resto de mi vida.

El 19 de octubre de 2009 llegó el día del ingreso. El otro edificio del hospital oncológico está muy reformado. Donde estaba la cafetería ahora se hacen las extracciones de sangre. Han hecho una vistosa entrada enfrente de la autovía donde hay una tienda que vende prensa, libros y revistas, entre otras cosas, y la cafetería, una planta más arriba. La cita era a las ocho de la mañana en la planta 6. Era la misma planta donde estuvo mi madre ingresada.

Solo llegar a la planta te encuentras una pequeña sala de espera, a esa hora con mucha gente. La impresión fue de un sitio aséptico y tranquilo. Salvando la sala de espera, se ve todo ordenado, limpio y silencioso.

La habitación, con dos camas, era amplia y luminosa. Después de tener problemas con los pijamas del hospital, ya que en esa época estaba «rellenito», y de acomodar los objetos personales, llegó el momento de recibir la quimio.

Estaba acojonado. Me esperaban 120 horas seguidas de tratamiento, sin pausas, conectado a una pequeña máquina-motor, colgada de ese tan conocido palito inoxidable con ruedas. Ese pequeño artefacto motorizado era el encargado de impulsar sin descanso el fluido por mis venas a través de un tubo blanco y opaco que me conectaron sorprendentemente en la mano, donde tenemos los nudillos. Había otro tubito transparente que era, digamos, el normal, el que estamos familiarizados a ver a muchos enfermos, que me conectaron a una vía en el mismo brazo, y era el encargado de suministrar diferentes medicamentos.

O sea, el pack completo éramos yo y un palo con ruedas que soportaba unas bolsas plateadas con el tratamiento de quimioterapia, una botella con medicamento, una pequeña máquina y dos tubos conectados a mis venas, estés durmiendo, duchándote o dando un pequeño paseo por la planta, las 24 horas sin descanso. Y así debían ser los cinco días siguientes.

El primer día tuve la sensación, y solo fue una sensación, de que el fluido que recorría mis venas estaba haciendo su trabajo. Fue un efecto magnífico. Estaba relajado y siendo positivo.

Era muy molesto estar pinchado y conectado a la escandalosa maquinita. Cada dos por tres la máquina emitía unos estridentes pitidos avisando de que mi postura corporal doblaba el tubo que impulsaba el fluido.

También cuesta acostumbrarse a que toda la parafernalia conectada te acompañe a cualquier sitio que quieras ir.

A los dos días empezaron los primeros problemas físicos.

El líquido distorsiona el sentido del olor y del gusto y empecé a rechazar la comida del hospital.

La primera vez que vomité lo hice en medio del pasillo, en la misma entrada, después de un corto paseo por la planta.

Fue una semana larga pero aguantable.

Disfruté de los días en casa después de la semana de hospitalización, tranquilo y sin incidencias notables a excepción del gusto y del olor.

Nos quisimos dar un pequeño capricho y nos fuimos a comer a media semana a un restaurante vasco donde sirven una buena carne de buey. Por desgracia, solo disfruté de la compañía de mi mujer porque los platos que degustamos, a pesar de que Chelo me decía que estaban buenísimos, no fui capaz de sacarle todo el partido a su excelencia. La quimioterapia estaba haciendo su trabajo, con sus defectos, claro.

Dos semanas más tarde, el 9 de noviembre, volvía a ingresar para la segunda semana de tratamiento. Previamente me habían hecho unos análisis de sangre que aconsejaban seguir con el plan previsto.

Esa semana fue más dura. Esta vez el tubo opaco de la quimio me lo conectaron por la zona de la muñeca del brazo derecho. Era más molesto porque es el brazo que más utilizo y la máquina se quejaba constantemente con sus pitidos chillones al menor doblez del tubo.

Se podían ver las marcas de la anterior sesión sin problemas, ya que las venas donde estuve conectado se habían ensombrecido, por no decir quemado.

Volvieron los vómitos y me notaba más cansado. No soportaba el olor de la comida del hospital. En toda la semana fui incapaz de probarla. Chelo me traía comida de casa y los alimentos líquidos era lo que mejor ingería. Aparte de las fiambreras que me traía Chelo, no faltaban las magdalenas, el cacaolat y un buen jamón que me traía mi padre. Aun así, perdí bastante peso.

Empecé a conocer gente en la planta. Aunque había caras nuevas, muchos de los que estaban ya los había visto el ingreso anterior.

Coincidíamos todos haciendo cola para pesarnos en medio del pasillo, donde una veterana enfermera nos ponía en fila india.

Todos íbamos acompañados por nuestra inseparable maquinita con ruedas. La mayoría de ellos eran personas de poco peso y entre cuarenta y sesenta años, aunque también los había más jóvenes.

También me di cuenta de que había personas que no se levantaban de la cama ni salían para nada de la habitación. Mi situación era mala, pero pensé que, por desgracia, todo puede empeorar.

En la habitación me habían cambiado de compañero. En el primer ingreso fue un hombre sesentón de nacionalidad marroquí, muy buena gente. Este segundo compañero, Augusto, tenía la particularidad de que no podía estar ni sentado ni tumbado, decía que se ahogaba. Siempre de pie, paseando, y aunque pocas veces lo vi durmiendo, transmitía fortaleza y serenidad, aunque la caída del pelo delataba su viacrucis.

Muchos de los ingresados se iban a casa el miércoles, pues tenían 72 horas de tratamiento, así que el jueves y el viernes eran muy tranquilos y silenciosos.

La semana se estaba haciendo muy larga y no solo para mí.

Es un esfuerzo tremendo el que hacen los familiares.

Mi mujer acumulaba tantas horas como yo de hospital excepto las noches, porque no le dejaban quedarse. Lejos de poder llegar a casa a descansar, ella tenía que seguir cocinando mis fiambreras, llevar una casa y cuidar de nuestro hijo, en pleno curso escolar.

Deseaba que el tiempo pasara rápidamente. Cuando alcanzamos cierta edad la vida pasa muy rápido, pero ahora se había detenido. No recordaba esa sensación desde que era un crío.

Empecé a notar que las manos me temblaban ligeramente y un pitido en los oídos empezó a acompañarme sin descanso.

La saliva era como ácida y empezaron a salirme algunas llagas en la boca. Tributos de la quimio.

No todos los tratamientos de quimioterapia son iguales. Mi brebaje no me iba a dejar sin pelo en la cabeza, tal como me dijeron, pero nadie me dijo que el pitido de la antigua carta de ajuste se iba a instalar en mi cabeza hasta el día de hoy, que estoy escribiendo estas líneas.

Por fin llegó el viernes. El día de volver a casa. Estaba deseando desenchufarme de la tiranía de los tubos y quitarme el traje de enfermo (el pijama de hospital).

Me sentía inundado por el líquido de la quimio. Era como si por mi cuerpo en vez de sangre fluyera lejía.

Me pegaba toda la tarde del viernes mirando el nivel de la bolsa de quimio como si mi concentración ayudara a que el fluido fuera a ir más rápido.

Recuerdo el placer de salir del hospital después de una larga semana, con mis tejanos y mis zapatos negros de la suerte, llenar los pulmones de aire fresco y notar la brisa en mi cara. Un lujo cuando te falta.

Teníamos dos semanas de descanso hasta el próximo ingreso.

Los primeros días en casa, después de haber pasado las dos largas semanas de ingresos, los disfruté como hacía tiempo que no disfrutaba de las pequeñas cosas de la vida. Poder ducharme, dormir o simplemente ir al baño sin estar conectado a nada para mí era una gozada.

Los síntomas del tratamiento eran latentes en mí, los temblores en las manos, los eternos pitidos en mi cabeza, los olores y sabores distorsionados.

También eran visibles cambios en mi aspecto, mi piel se volvió más oscura, como un bronceado sucio, y en mis brazos se hacía evidente que algo había hecho que las venas se oscurecieran. Había perdido unos doce kilos y me notaba más débil y vulnerable.

Pocos días más tarde me hicieron un análisis de sangre y el doctor Mesías vio prudente retrasar el tercer ingreso una semana más, hasta el día 7 de diciembre.

Aprovechamos bien esta tregua y programamos algunas salidas.

Años atrás, mis padres habían tenido alquilada hasta el fallecimiento de mi madre una vieja masía en Callús, un pueblo cercano a Manresa. A Chelo y a mí nos gusta ir por setas silvestres y un día bien temprano partimos hacia la zona. Pasamos un día magnífico. Nos asomamos a la antigua masía, muy cambiada. Me abracé al enorme y viejo almez, o almeso como le llamábamos nosotros, que está en la entrada; bajamos a los pequeños lagos que se forman en el arroyo y recogimos abundantes setas en el sitio donde siempre las habíamos encontrado. Al mediodía comimos en un precioso restaurante en Santpedor, cuna de Pep Guardiola, con una magnífica vista a la montaña de Montserrat, donde nos sirvieron un revuelto de setas de temporada, trompetas de la muerte, rovellons, ceps y camagrocs, y un plato de jamón de pata negra, rematado con un montadito de buey con foie que, aunque no pude disfrutar en toda su expresión, redondeó un día magnífico.

Otro día recorrimos 150 kilómetros para pescar en la desembocadura del río Fluviá. Nos llevamos la mesa de pícnic, y después de un buen día de sol, de pesca y comer los dos solos a la orilla salobre del río, con el mar observándonos a escasos metros, volvimos a casa felices y satisfechos de haber disfrutado de un buen día juntos en un paraje que conocemos bien y nos encanta.

Por las noches siempre le das más vueltas a las cosas.

En la masía de Callús había pasado seguramente los mejores años de mi vida con mis padres y hermanos. En la desembocadura del Fluviá había disfrutado de unos inolvidables veranos con mi mujer y mi hijo.

Me estremeció la idea de que esas visitas fueran como una despedida inconsciente de mi pasado y de mi presente.

Después de un segundo análisis los médicos vieron razonable empezar la última semana de tratamiento.

Me costó mucho concienciarme para afrontar esa semana. La última noche antes del ingreso me costó conciliar el sueño. Se hizo muy duro el último ingreso y temía afrontar todas las sensaciones que tuve la última vez.

Solo recordar el olor a hospital ya me entraba angustia.

También pensaba en los míos, los que iban a estar a mi lado esa semana. No es lo mismo estar acompañando a un ser querido enfermo, que está afrontando la enfermedad con aparente tranquilidad, a que lo tengas que ver sufriendo. Era mi mayor temor, dudaba de mis fuerzas.

Llegó el lunes y el momento de conectarme al tóxico pero necesario elixir.

Repetí habitación como en los dos anteriores ingresos, cosa que agradecí, y también repetí compañero, cosa que también me alegró.

Esta vez la enfermera me conectó los tubos en el brazo izquierdo en la parte interior de la muñeca.

El mismo lunes por la tarde ya me sentía inundado e intoxicado por el brebaje curativo.

La rutina de hospital la conocía perfectamente. Cada tres o cuatro horas venía una enfermera a ponerme medicinas por el tubito transparente y cada doce horas, más o menos, me cambiaban la bolsa plateada con el cisplatino (la quimio).

Te tienes que acostumbrar a orinar siempre en unas botellas que te dan con tus iniciales, supongo que es para controlar que vas eliminando líquido.

Todas las mañanas tenía que prepararme para la ducha. Como no puedes desconectarte los tubos, Chelo me había preparado la camiseta del pijama con unos corchetes para poder quitármela sin problemas. Con una bolsa de plástico me tapaba el brazo donde tenía las vías con los tubos, y la odiosa cinta de pegar, que se agarra tanto a la bolsa como a los pelos del brazo, hacía que no entrara agua a las conexiones.

Odiaba esa cinta plastificada con pegamento, odio que se acrecentaría en los siguientes meses de hospitalización. Parece una memez odiar algo tan pequeño como que te tiren y te arranquen los pelos del brazo una o dos veces al día, pero cuando estás pasándolo mal, esas propinas de dolor te sobran.

Los días eran muy largos y las noches aún más.

Mi actitud había sido positiva y no había parado de repetirme que el camino hacia mi curación pasaba por resistir el tratamiento.

Puedo aseguraros que no recé porque no sabía a qué o a quién.

Había leído *El secreto*, un libro que me regalaron Joaquín y Lola. Sintetizando mucho, el libro trata de que, si eres positivo y proyectas tus deseos como una gran antena humana, conectarás con las buenas intenciones o deseos de los demás.

Soy un ateo convencido, aunque me gusta describirme como agnóstico, y me pareció una buena manera de pedir el bien para mí sin violentar mi ética. Proyectar mis deseos a la gente que vive a mi alrededor, aunque sea en forma de transistor, y recibir sus buenos deseos. Por qué no. Fue mi manera de rezar.

No me quiero meter en valoraciones de fe, pero siempre he pensado que pedir a un ser superior algo para mi bien es absurdo e injusto, porque si ese ser superior existiese y fuese justo siempre encontraría a gente más necesitada que yo, más pura, más inocente, solo hay que darse una vuelta por un hospital infantil. Y si existe, no es justo y es caprichoso, mejor no llamarle la atención.

Pero, siendo honesto, también soy consciente de que mucha gente rezó por mí, y quiero creer que esas oraciones, esas plegarias, mi pequeño «transistor» las catalizó en fuerza positiva para mi curación. Que pidan por ti, que se acuerden de tu desgracia y deseen tu bien es algo que llega al corazón.

Por desgracia, mi actitud se iba minando y cada vez era más difícil reprimir los malos pensamientos.

Mi cuerpo estaba débil e intoxicado por un líquido que se había apoderado de mí.

Me sentía como una esponja tóxica. Pensaba que era excesivo la cantidad de tratamiento que me estaban dando sin apenas haberme hecho pruebas, escasamente tres análisis de sangre.

El jueves por la mañana perdí los nervios y me quería arrancar los tubos. La verdad es que monté un buen numerito. Estaba desesperado y borracho de tanto tratamiento. La falta de sueño, el cansancio, la impotencia, el desconocimiento... Todo explotó en un instante. La cara de mi mujer y de Joaquín, que había venido de visita, eran todo un poema.

Pero no era el momento de abandonar. Nunca es el momento de renunciar. Me suministraron algún calmante y con su ayuda volví a aceptar mi situación.

Aunque no a la velocidad que uno desea, todo pasa. Llegó el viernes y la hora de volver a casa.

Me despedí de las enfermeras, auxiliares y enfermos con muchos deseos de no volver jamás.

En esas tres semanas de duro tratamiento apenas recibí visitas de los responsables médicos, toda la atención y cuidados los recibía de enfermeras y profesionales auxiliares.

La actitud de estos trabajadores siempre fue de una gran profesionalidad, pero sin mucho apego. Supongo que tiene que ver con el tipo de pacientes que tienen.

Era consciente de que en la misma planta donde yo estaba, en otra ala más aislada del mismo edificio, se encontraban ingresados muchos enfermos terminales sin más esperanza que les calmen los dolores físicos y emocionales.

Un drama social, una realidad, a escasos 50 metros de mi habitación y que el destino, la suerte o no sé qué, marcaban la frontera de una estancia temporal a una espera terminal.

El primer camino para mi recuperación ya estaba recorrido. Los dos bultos de mi cuello habían retrocedido, prueba innegable de que el duro tratamiento al que había estado sometido estaba cumpliendo su objetivo.

En estos dos meses de tratamiento, después de 360 horas de estar enchufado al cisplatino, el balance final era positivo. Y era positivo porque a pesar de que fue muy duro, no puedes extraerte de la realidad y compararte con los demás. En estos 60 días me consta que dos personas que compartieron conmigo charlas y tiempo en las salas de espera habían fallecido.

Asusta ver esa sombra fría y amarga paseando a tu alrededor.

Después de un análisis de sangre tenía visita con el oncólogo, el doctor Mesía.

La consulta, como siempre, estaba repleta de gente, apenas unos asientos libres. En la hora y media de larga espera reconocí a personas que ya había visto en otras visitas. Pero me llamaron poderosamente la atención tres personas que venían juntas. Los tres eran varones treintañeros. Se notaba que era el primer día en la sala de espera. Intenté adivinar quién de ellos era el menos afortunado. Ningún rasgo a primera vista que lo delatara. Hablaban entre ellos en voz baja, discretamente. Después de observarlos durante la larga espera, aposté por el que más observaba su entorno, el que más se fijaba en el resto de las personas que abarrotábamos la sala. Supongo que buscando en el presente lo que le aguardaba el futuro.

En la visita, el doctor confirmó que los dos bultos desaparecerían poco a poco, pero recordó que el mal estaba centrado en mi garganta. El temblor de mis manos, las llagas de la boca, el oscurecimiento de mi piel y de mis venas y el cansancio tendrían que ir desapareciendo. No fue tan optimista con los eternos pitidos metidos en mi cabeza y a la pregunta de que si la enfermedad estaba remitiendo solo me brindó una leve sonrisa y un encogimiento de hombros que interpreté como un quién sabe.

Y para mi desconsuelo, me comunicó que programaba más tratamientos de quimioterapia, tres ciclos de consolidación de 8 horas cada uno. Empezaría el primero el día 28 de diciembre y los demás estaban condicionados a mi resistencia hacia ellos.

Era hora de dar paso a la radioterapia, por lo que me derivaba a la especialista, la doctora Lozano. Me presentaron a Esther, una enfermera que se encargaría de hacer de enlace entre el oncólogo y la responsable de la oncología radioterápica, incluido su número de teléfono móvil para dar parte de cualquier anomalía o consulta.

El día 21 de diciembre de 2009 tenía programada mi primera sesión de radioterapia. La consulta de la doctora Lozano y las máquinas para el tratamiento de radioterapia se encuentran en la planta baja del edificio de consultas externas.

Después de una breve charla con la doctora, me avisó de que la radioterapia también me iba a dejar secuelas, sobre todo en la falta de saliva, dolor al tragar y rigidez en el cuello. La zona a radiar era delicada y me encargó una especie de máscara que me cubría toda la cara. La máscara la hicieron con una resina que se amoldó a mi cara, y que en poco tiempo se endureció dándole forma. Se supone que iba a proteger partes de mi cara y cuello que la radiación no debería de repercutir.

Yo, la verdad, me encontraba muy optimista. No tenía ningún temor a este tratamiento.

Qué equivocado estaba.

Supongo que no había otro camino, que era inevitable pasar por 33 sesiones de radioterapia y radiar siete puntos en cada sesión, calculado contando las paradas que hacía la máquina cuando recorría mi cuello. Radiaba dos zonas en el lado derecho de la cara, dos zonas del lado izquierdo y tres zonas frontales.

Si hubieran sospechado lo más mínimo las consecuencias que me iba a traer el tratamiento no lo hubieran hecho, estoy seguro, hubieran probado otras alternativas.

No me hubiera muerto.

Si te preguntas por qué digo eso, por qué digo que me morí, es porque es verdad. Porque morí.

Es obvio que no estoy muerto. Déjame que te lo cuente más adelante.

La sala de espera de radioterapia es la más humilde de todas las visitadas. Los asientos son patéticos y muy escasos.

Miro a mi alrededor y veo a muchas mujeres con pañuelos en la cabeza, muchas personas con botellitas de agua para refrescar las resecas bocas de tanto tratamiento. Pero casi todas tienen la mirada más tranquila. Quizá solo sea porque todos llevamos ya recorrido un camino, ya llevamos unos meses de trinchera. Ya nos han hecho veteranos.

O quizá la explicación a esa mirada más relajada y serena sea que todos los que estamos ahí sentados nos sentimos un poco cómplices o compañeros de viaje de una enfermedad terrible, pero sin perder el lazo con nuestra vida privada, porque la gran mayoría, después de la radiación, nos iremos a casa a compartir nuestro tiempo con nuestra gente.

Me reencontré con Augusto, mi compañero de habitación de la quimio, de pie como siempre, que ya había hecho unas cuantas sesiones de radioterapia y empezaba a tener problemas para comer. Introduje la cartilla que me había dado la doctora con mis datos y donde se irían anotando todas las radiaciones que me harían a partir de ahora en un pequeño buzón abierto donde una enfermera, cada cierto tiempo, se asomaba para recogerlas y utilizarlas para dar orden de llamada a los pacientes. Sentados en los destartalados asientos de la sala de espera, mi mujer y yo entablamos conversación con nuestros compañeros de asiento, Albert y su mujer. Él también tenía el problema en el cuello. Albert llevaba unas cuantas sesiones y estaba notando muchísimas molestias para poder comer. Ninguno de los que estábamos en la sala de espera, haciendo la tertulia, teníamos programados la misma cantidad de tratamientos y, por supuesto, tampoco las mismas radiaciones por sesión.

En este caso también tendría que afrontar máxima intensidad, como en la quimioterapia.

Después de una larga espera, por fin me llamaron. Entré a un pequeñísimo vestidor donde dejé la ropa que toca, en mi caso la camisa, y recorrí un pequeño pasillo con el torso desnudo para llegar a una sala de control lleno de pantallas, mandos e interruptores. Me hicieron pasar por una puerta enorme, metálica y maciza de unos 2,5 metros de alto por 2 metros de ancha y unos 40 centímetros de grosor. Recuerda mucho a una enorme puerta de cámara acorazada. La habitación blindada por la gran puerta es muy grande, con una camilla fija en el centro y una enorme máquina que recuerda a esas articuladas maquinarias industriales que sueldan en una cadena de montaje, pero mucho más antigua y ancha.

Tumbado, quieto, con la máscara puesta, me dejaron solo, cerrando la enorme puerta. La radiación dura unos 10 minutos y pienso en ese breve espacio de tiempo el porqué de tanta seguridad. Cuando te hacen una radiografía es verdad que también los titulados se protegen detrás de una puerta de plomo, pero nada comparable con la que tienen en la radioterapia.

Salgo de la primera sesión como si nada, como cuando te haces un TAC o una resonancia. Ningún síntoma.

Pienso, esto va a estar *¡chupao!*

Mi mujer siempre me acompañaba a las sesiones de radioterapia. Era una rutina que hacíamos cada día de lunes a viernes. Nos desplazábamos al hospital en nuestro propio coche. Unos veinte minutos de nuestra casa al hospital, una hora y media de espera y tratamiento, y vuelta a casa. No todos los pacientes podían hacer lo mismo. Había mucha gente que venía en ambulancias o transportes sanitarios. Para ellos era más duro. Los recogían con mucho tiempo de antelación y los retornaban una o dos horas después de terminar la sesión de radioterapia. Y si a ese tiempo le sumas unas décimas de fiebre, que te saltas los horarios de almuerzo o comida, con lo importante que es alimentarse en ese estado, la espera se hace eterna. Puede ser casualidad, pero un día se quejaba amargamente un conocido que me encontré, esperando su transporte sanitario para que lo retornase a su casa, hacía más de una hora. Estaba con fiebre y con muy mal aspecto. Estaba desesperado porque se encontraba mal, incómodo en esos asientos, y fuera, en la calle, hacía frío y llovía. No volví a verlo. Unos meses después un hijo suyo me confirmó la fatal noticia.

Los días de un enfermo de cáncer son muy diferentes unos de otros. Yo había perdido mucho peso, mi aspecto era de una persona débil pero mi actitud era muy positiva. Decidimos que podíamos juntarnos con la familia para la cena de fin de año en nuestra casa, como siempre, buscando que las cosas, poco a poco, retomaran normalidad.

El día 31 de diciembre convencí a mi mujer de que podía ir solo a radioterapia y así ella aprovechaba para seguir con los preparativos de la cena en familia. A regañadientes, aceptó mi propuesta y me dirigí al hospital a darme la última sesión de radiación del año. Fue como todos los días, la sala a *petar*, una espera de hora y pico haciendo tertulia con los compañeros en los incómodos y escasos asientos. Reconocí y saludé a un antiguo cliente que estaba acompañando a su hermana, que la estaban radiando en un pecho. Todo normal. Me llamaron para la sesión y me dispuse a afrontarla como siempre lo había hecho. Tumbado en la camilla, la máquina hizo su trabajo. Cuando terminó la sesión y me incorporé noté un fuerte mareo.

—Estás un poco blanco —me dijo el enfermero.

—No, no, estoy bien —respondí casi antes que él terminara la frase.

No sé qué pasó por mi cabeza, no sé por qué me esforcé en tapar la situación. Posiblemente, lo único que quería era largarme, huir al refugio de mi casa. Y hoy, precisamente, hoy, no podía fallar, no me podía permitir ponerme malo.

—Ya se me ha pasado, estoy bien —le dije al enfermero agachando la cabeza sin mirarle a los ojos.

Me senté en una silla que hay en una esquina de la misma sala, para ajustarme los cordones de los zapatos, tomé aire y me dirigí al vestidor a ponerme la camisa, intentando disimular el mareo mientras caminaba. Me vestí en el minúsculo espacio con dificultad, sintiendo angustia y mucho calor. Salí a la gran sala de espera. Estaba repleta, busqué desesperadamente un asiento libre. Necesitaba sentarme con urgencia, pero estaban todos ocupados. Mis piernas empezaron a flaquear y la gran sala se convirtió en una gran espiral que giraba y se movía. Intenté alcanzar una pequeña mesa donde descansan unas viejas revistas médicas para poder sentarme y, de golpe, se apagaron las luces. Caí como el plomo, desmayado.

Desperté en el suelo, no sé cuánto tiempo después, rodeado de un montón de gente. Ya en una camilla, atendido por dos o tres enfermeras, apareció para mi sorpresa mi amigo Pedro. Le había avisado el antiguo cliente que me había encontrado en la sala de espera, pues Pedro es también compañero de trabajo. Al poco tiempo apareció mi mujer, avisada por Pedro, que había dejado casi todo preparado para la cena de esa noche. Después de recibir su fuerte reprimenda y arrepentimiento de haberme dejado hacer la visita solo, aparecieron dos sanitarios que nos informaron de que me trasladaban de urgencias al hospital de Bellvitge.

Hicimos el corto recorrido desde el Durán i Reynals a Bellvitge en una ambulancia que nos dejó en urgencias del gran hospital. Al entrar en ambulancia pasas directamente sin tener que hacer cola en la atestada sala de espera.

Era la primera vez que veía las entrañas de Bellvitge. Urgencias por dentro.

No sé describirlo, qué adjetivos ponerle. Caótico, dramático, desconcertante, de otra época.

Estoy hablando del día 31 de diciembre del 2009 a mediodía, en vísperas de fin de año. No creo que haya nadie allí esperando a ser atendido porque no tiene otra cosa que hacer. Y si es así es tristísimo.

Todos los largos pasillos de urgencias estaban repletos de camillas con sus respectivos enfermos. Unos con vendas, otros con botellas colgando que alimentaban la vía de su brazo, personas mayores en pañales grotescos, de todo, vaya. Me pasaron a una sala redonda y grande de unos 150 metros cuadrados, repleto del mismo panorama, decenas de camillas con sus inquilinos. Si tuviera que ordenar todas las camillas la mejor forma sería utilizar el antiguo juego de Tetris. Era una imagen brutal, era un caos.

Lo primero que pensé es cómo narices se aclaran. No hay una ubicación marcada para cada camilla. Allí nos encontramos una masa de gente impresionante. Los enfermos, acompañantes, enfermeros, médicos, auxiliares, seguridad y demás personal nos hacinábamos en un puzzle de camillas.

Despedimos el año mi mujer y yo rodeados de extraños. Después de un análisis de sangre, tomas de tensión y alguna cosa más, nos enviaron para casa.

Como ya habréis adivinado, la cena se tuvo que cancelar. Llegamos a nuestro hogar de madrugada, cansados, con la cocina llena de alimentos esperando los últimos retoques para ser presentados. No se descorchó ninguna botella de cava y las uvas terminaron en la basura.

Empezamos el 2010 con un sustillo. Nada grave. Lo diagnosticaron como un síncope vasovagal. Había perdido mucho peso, no me alimentaba bien y no descansaba lo suficiente por las noches.

Las sesiones de radioterapia las seguí haciendo sin incidencias, pero la alimentación se convirtió en un problema. Me dolía la garganta al tragar. Era un dolor muy parecido a cuando sufrí anginas de pequeño. Empecé también a tener serios problemas de hidratación en la boca. No producía mucha saliva y empecé a alimentarme de caldos y purés. Seguía perdiendo peso y me encontraba muy cansado.

Unos días después, no recuerdo exactamente, llevaría unas 20 sesiones de radioterapia y ya había hecho algún ciclo de 8 horas de quimioterapia, volví a sentir que me desmayaba. Estaba esperando con mi mujer la sesión pertinente de radio, cuando me sentí indispuesto. Aunque estaba sentado, empecé a notar síntomas de desfallecimiento. Avisé a mi mujer de que algo no marchaba bien, que necesitaba tumbarme. Rápidamente, llamó a una enfermera, que me dirigió a un pequeño despacho, y en una muy veterana camilla me tumbé.

Al rato vino una doctora. Tomó tensión y pulsaciones y, mirándome a los ojos, me dijo:

—Francisco, necesitas ayuda para alimentarte. Te van a poner una sonda nasogástrica por la nariz que te llegará hasta el estómago, por donde podrás introducir líquidos directamente sin pasar por la garganta, y te proporcionaremos unos batidos, indicados para ingerirlos por la sonda, que ayudarán a que recuperes algo de peso.

La enfermera, atenta, giró y se dirigió a un estante donde cogió una bolsa. La abrió y desplegó un tubo de casi un metro y del grosor de los cables de freno con funda de una bicicleta.

—Tranquilo, Francisco, cuando meta el tubo por la nariz, respira, y cuando llegue a la garganta haz como si tragaras. Si ayudas lo haremos enseguida.

Eso me dijo la enfermera. Yo la miraba asustado, dejándome llevar. Y qué coño iba a hacer.

Más adelante, con el tiempo, aprendí un secreto de este colectivo. Cuando te diga una enfermera «respira, respira», es que te va a joder.

La verdad es que no fue tan mal. Pasas un mal rato y ya está. Notas cómo pasa por tu nariz haciendo mucho repelús y el paso por la garganta al estómago es solo incómodo. Pero lo de respira, respira y que te van a joder es una verdad universal.

Llegamos a casa con unos cuantos botes para mi apoyo alimentario. Recuerdo ese día con mucha tristeza. Me estaba preparando para la ducha cuando me miré desnudo en el espejo. Fue el primer día que vi a un hombre enfermo. Por supuesto que sabía que estaba enfermo, pero no es lo mismo.

Ya me había visto delgado, débil, con la piel en general y el cuello en particular muy oscurecido, pero esa goma que asomaba por mi nariz y que se sujetaba en ella con una especie de tirita estaba revelando a todo el mundo que estaba ante una persona enferma. Es como cuando ves a una mujer con pañuelo en la cabeza y las cejas pintadas. Sabes a quien tienes enfrente. A ellas las veo con una tremenda entereza. Yo no lo llevé tan bien.

Tenía que esforzarme en comer más. La sonda nasogástrica, aparte que me bajaba la autoestima, era muy incómoda. Me sentaban fatal los batidos que me metía por ella. A la semana de llevar la sonda empecé a rechazarla. Vomitaba todo lo que comía. Y no solo eso, los vómitos empezaron a ser crónicos, cada 10 o 15 minutos.

Fuimos al hospital de urgencias y después de una radiografía me dijeron que la sonda se había desplazado y que la tenían que recolocar.

¡¡Y un cuerno!!

Era una decisión que podía tomar. La sonda me hacía sentir más enfermo de lo que estaba y no quería seguir llevándola. Después de un pequeño rifirrafe con el doctor, me dio por imposible y aceptó mi decisión. Mandó a la enfermera que me la retirara.

—Francisco, respira, respira.

—Joder.

En un plisplás me libró de ella.

Ahora tocaba esforzarse al máximo y comer. La verdad es que todo fue a mejor. Terminé dos de los tres ciclos programados de quimioterapia suplementarios de ocho horas, el otro lo anularon y por fin terminé las 33 sesiones de radioterapia.

El día que morí, 18 de octubre de 2010

En principio ya había pasado por todo lo aconsejable para erradicar mi cáncer de garganta. Tanto el doctor Mesía como la doctora Lozano me programaron visitas de control, tacs, radiografías, análisis, un montón de medicamentos y yo qué sé más. Me aconsejaron que me moviera, que anduviera, que no me alcachofara en el sofá. Iban pasando los días y cada vez me encontraba mejor.

Estábamos en la primavera de 2010. Mi fiel y querido Popi, mi tekel de pelo duro, me ayudaba a desperezarme dando largos y soleados paseos cada día.

Pero el cáncer deja marca, como a las reses el hierro candente. Sé que era un superviviente de una terrible enfermedad, pero solo de momento. Había remitido, pero nadie te asegura que no vuelva de la misma manera que vino e incluso que ataque a otra parte de tu cuerpo.

Ese es un escollo de los más difíciles de manejar. Ya conoces los protocolos, los profesionales que gestionan tu curación, los tratamientos. Pero también sabes que, si volviera a reproducirse, nada sería igual, podría venir de una manera mucho más agresiva. Ya solo pensar en pasar por lo mismo acobarda.

Necesitaba recobrar la normalidad que había perdido apenas hacía ocho meses. En cuanto fortalecí mi cuerpo, pedí el alta médica para reincorporarme a mi trabajo.

Aún arrastraba molestias para deglutir, mi cuerpo ya no era ni mucho menos el mismo. Me sentía como el toro lanceado por el experto picador, que te deja entero, pero sin fuelle, sin ímpetu, aunque deja que te comportes de una forma aparentemente normal. Podía andar, hablar, relacionarme con normalidad. El problema era mi cabeza. Se instaló una neblina en ella que no era capaz de despejar.

Profesionalmente, ejercía de jefe de ventas en una empresa mayorista. Siempre me sentí bien trabajando con mis compañeros. Siempre me he sentido parte importante de ese grupo humano, y siempre, incluyendo los ocho meses de baja, tanto el gerente como los dueños de la empresa me dieron su apoyo y un trato excelente. Pero yo no era el mismo. Perdí toda iniciativa. No era capaz de urdir estrategias de futuro. Mi rosa de los vientos, mi brújula, no era capaz de marcar dirección alguna.

Y en relación con mi familia, todos lo vivíamos como un triunfo, pero con muchos matices. Las miradas de los míos me decían que ellos también estaban acogotados. Así pasaron meses, dejando transcurrir el tiempo, intentando cerrar una etapa angustiosa.

Llegó el mes de julio y todo parecía normal en lo físico. Por desgracia, solo fue una pequeña tregua. Siguiendo con la misma estrategia, ser optimistas, mi mujer y yo nos programamos un viaje a Roma para el mes de agosto. Estábamos a mediados de julio y las vacaciones estaban a tiro de piedra. Empecé a tener dolores regulares en las cervicales. No me encontraba muy bien. Visité urgencias varias veces por los dolores cervicales y porque tenía muchas molestias al tragar. El dolor iba a más cada día. En el hospital se limitaban a recetarme calmantes y poco más. Con mi historial en la mano, todo lo achacaban a los efectos de los tratamientos oncológicos recibidos. Me iba a casa con mucha impotencia, como un incomprendido.

El problema se agrandó porque empecé a tener fiebre y no podía hacer vida normal. Tuve que coger la baja de nuevo y, por desgracia, el viaje a Roma se quedó en temas pendientes.

El dolor cervical iba a más y el dolor al tragar era insoportable. Empecé a comer muy poquito, todo líquido. Mi mujer estaba desesperada. Le explicamos a Lola la situación y, en poco tiempo, nos concertó una visita con la doctora Lozano.

La doctora Alicia Lozano siempre me dio un trato exquisito. Me hizo una rápida exploración y me dejó ingresado en el oncológico una semana. Era un ingreso atípico. La habitación estaba en una zona muy apartada del bullicio típico del hospital. Era muy grande, con una cama en el fondo, al lado de una gran ventana sin vistas destacables y un sillón grande para el acompañante. En cuanto empezaron a darme por vena antibióticos la fiebre desapareció. Ahí estuve una semana, tranquilo, recuperándome y sintiendo que todo iba arreglándose. Pero lo único que consiguieron fue aplazar lo que estaba por venir.

Después de unos cuantos años, viendo este episodio con perspectiva, no entiendo cómo los médicos no vieron lo que se me venía encima, cómo pudieron dejarme sin actuar. Tenían tacs y resonancias de mi cabeza y cuello una vez terminados los tratamientos de quimio y radio. Nadie fue capaz de ver el gran mal que tenía dentro de mí. Un gran mal que iba a golpear con virulencia, con contundencia, como golpea el boxeador, que una vez que te ha dejado sin aliento con golpes bajos y te ha cansado y cortado el aire, suelta su golpe más letal, directo a la mandíbula, el definitivo para que beses la lona y no te levantes aun escuchando la cuenta atrás.

El cáncer estaba vencido, pero las secuelas de la batalla iban a tomar todo el protagonismo.

Cuando era un niño, la mayoría de los domingos iba con los amigos al cine de mi barrio donde proyectaban dos películas en sesión continua. Me entusiasmaban las de Bruce Lee. Cuando a un chino le metían una paliza y sangraba mucho por la boca, como si lo hubieran reventado por dentro, ya sabías que ese estaba muerto. Para ese la película había acabado.

No voy a ser capaz de encontrar las palabras justas que describan exactamente cómo viví este episodio, el más difícil de mi vida, afrontar mi propia muerte e incluso desearla, pero ahí va...

Era un lunes cualquiera, como tantos otros. Me levanté sobre las 8:30 de la mañana, preocupado como cada día de mi cuello acartonado y rígido. Chelo me preparó el café con leche, que no era tal, sino un preparado de farmacia que simula perfectamente el sabor del mismo, pero que alimenta y da más energía. Tiene buen sabor y es agradable de tomar. Con la televisión encendida para ver y escuchar las primeras noticias del día, y con el ordenador a mano para meter las narices en ese mundo de redes sociales, blogs y curiosidades, me disponía a pasar casi toda la mañana.

No sé si fue en el segundo o en el tercer sorbo cuando algo noté en la boca. Escupí en una servilleta y una mancha roja granate empapó todo el papel.

De golpe, tuve la sensación de que iba a vomitar, y de mi boca salió un torrente oscuro de sangre y trocitos como de piel. Estaba perplejo, asustado y preguntándome de dónde coño sale esto ahora.

Con la camiseta, el sofá, y el suelo manchado del rojo de mi sangre, salí corriendo hacia el baño porque venían más ganas de vomitar.

—¡Nena, nena, ven! —grité a Chelo.

Chelo estaba en la cocina, y cuando vino corriendo hacia el baño ya estaba con la cabeza metida dentro de la pica, vomitando otro chorro amplio y con fuerza de sangre y bolas de grumos cuajados. Aquello duró diez o quince segundos, pero se me hizo eterno.

Me costó respirar y más no tragarme mi propia sangre, pues el flujo no venía del estómago, venía de la arteria carótida, encargada de regar el cerebro y la cara, y que había reventado dejando manar la sangre dentro de mi boca. En la cara de mi mujer vi el horror y la angustia. Reaccionó rápido y llamó por teléfono a urgencias.

Yo estaba bloqueado, sentado en el bidé intentando asimilar lo que estaba pasando sin conseguirlo. Escuchaba a Chelo hablando con la voz de la desesperación con alguien del 112.

—Por favor, mi marido está sangrando mucho por la boca, vengan rápido, por favor, está sangrando mucho —repetía con desesperación.

No sé lo que tardó la ambulancia, cinco o veinte minutos, no lo sé. No he estado más asustado en mi vida.

Me estaba pasando algo muy grave, y me quedé sentado mirando el vacío. Era algo que no podía controlar de ninguna manera. Había vomitado sangre en abundancia y no podría evitar que me viniese otra vez, ni siquiera taponar la hemorragia. Pensé que si venía otra arcada y duraba un poco más me podría ahogar con mi propia sangre. Te he contado antes que la hemorragia venía de la rotura de la carótida, pero yo en ese momento no lo sabía.

¿Qué me está pasando? ¿De dónde viene toda esa cantidad de sangre? Pensé que algo se había deshecho dentro de mi organismo. Me quedé sentado, en una agonía estupefacta, esperando mi destino. Fui muy sincero conmigo. Hay muchas maneras de morir y una de ellas es esta.

Llegaron a casa dos sanitarios. Vieron el panorama y no hubo muchas preguntas. Bajamos los cuatro, montamos en la ambulancia y nos dirigimos hacia el hospital de Bellvitge. En quince minutos llegamos a urgencias del gran hospital.

Me estaban esperando. Dos o tres enfermeras me llevaron en volandas a una pequeña habitación, me tumbaron en una vieja camilla y empezaron con su protocolo rutinario. Vía en el brazo, toma de tensión y todas esas cosas que hacen ellas. Enseguida apareció una doctora con bata y gorro verde. Empecé a explicarle lo que había pasado. Aparecieron más médicos, recuerdo como mínimo dos más.

Pensé que la cosa había cambiado algo a mi favor. De estar desamparado en casa sin saber qué hacer, sangrando como un gorrino en matanza, a estar rodeado de tantas batas blancas me daba alguna ventaja. Ahora solo faltaba que no vinieran más arcadas, que supieran ellos lo que me estaba pasando y que le pusieran solución.

Empecé a pensar por sus caras que ni sabían lo que me estaba pasando y, por ende, no sabían cómo solucionarlo. Y para empeorar del todo la situación, me vino una pequeña arcada escupiendo sangre por boca y alarmando a todo el mundo. Otra larga arcada hizo que una enfermera me pusiera una papelera que había en el suelo cerca de mi cara, para recoger el caño de sangre que salía de mi boca. Paré de vomitar, respiré con todas mis ganas después de no poder hacerlo durante el tiempo que duró el vómito, y me quedé vacío. Las arcadas habían ido de menos a más, había perdido un montón de sangre y en esta última, que fue la más larga, me faltó aire mucho tiempo. Mis esperanzas, las pocas que tenía, se fueron todas. Deseaba no pasar ni un momento más por esa situación. Capitulé.

Vi claramente cómo un hombre vestido con traje que no había visto antes se dirigía a la doctora.

—Prepáralo y hazlo.

Eso es lo que le dijo. Parece que sí había plan, una vez llegado este punto. Era urgente llevarme a quirófano.

Ya no tenía miedo. Estaba rendido a mi destino, vencido, sin esperanza. La última vomitona me llevó al límite, me faltó el aire mucho tiempo. Quería huir, ponerme de lado y dormir, descansar, acabar, morir.

El miedo se tiene cuando puedes perder algo. Ya solo puede ir a peor. Que se apaguen las luces era la manera de dejar de sufrir.

Cuando he visto por televisión o por internet esos episodios oscuros de la Guerra Civil donde unos cuantos soldados van llevando a empujones a un reo camino de una zanja donde le meterán cuatro tiros, siempre pensaba por qué narices no intentaba huir, aunque en esa pequeña escapatoria te reventaran.

Ahora sí entiendo por qué no se movían y aceptaban su destino. Hay situaciones que no vas a cambiar porque tú no controlas nada. Aceptas tu destino porque ya estás derrotado, porque eres un muerto en vida.

Así me sentía.

Me sacaron en una camilla de la habitación camino del quirófano. Ahí viví uno de los momentos más duros. Me encontré de frente con Chelo. Desencajada, impotente, apoderada por el miedo. Yo no podía hablar, solo la miré y me despedí de ella desde dentro, desde el alma.

Así lo recordaba literalmente en mi diario escrito:

> El recuerdo más angustioso fue cuando, después de la segunda vomitona de sangre, me llevaban para hacerme una traqueotomía de urgencia. Salía de la habitación en una camilla de quirófano y mis ojos se despidieron de mi amada Chelo. Se despidieron para siempre. Fue algo que acepté. Aún hoy escribiendo esta línea se me nublan los ojos. Es despedirse de lo que más quieres en esta vida. Mi compañera desde que tengo consciencia, mi amor verdadero para siempre jamás. Aún no entiendo cómo no luché para seguir. No lo entiendo. Era rendirme de la vida y entregarme a la nada. Cómo pude dejarme ir y no luchar.

Así lo describí en su día y así lo dejo. Podría buscar palabras que describieran mejor ese momento tan triste de despedida, pero solo cambiaría unas frases por otras. Se me hace inefable plasmar exactamente el sentimiento vivido.

No sé si me desmayé o lo he borrado de mi cabeza, pero no recuerdo ni siquiera la entrada a quirófano. Recuerdo despedirme de Chelo, con la mirada fija en ella mientras se deslizaba la camilla por el pasillo, alejándome de mi vida.

Solo una excepción. Que me desperté en plena operación.

Recuerdo las voces de los cirujanos como si fuera ese día y lo que dije o intenté decir. Ver, no veía nada.

Sentí cómo un objeto punzante intentaba entrar en mi cuello.

—Me hace daño, me hace daño —intenté gritar, cosa que no tengo claro que sucediera, porque los cirujanos seguían haciendo la maniobra sin más dilación. Reconocí la voz de Paula, una otorrino que ya me había atendido anteriormente en mis frustrantes visitas que hice por urgencias.

—Sale mucha sangre, sale mucha sangre —decía Paula.

—Tranquila, todo va bien, es normal —le comentaba otra voz femenina que no he podido identificar. Hundió otra vez algo en mi cuello y otra vez intenté o dije:

—Que me hace mucho daño.

Mi sonido se ahogó en un momento. Supongo que me *chutaron* más anestesia y se acabó la consciencia de lo que estaban haciendo conmigo.

No te rindas, por favor, no cedas, aunque el frío queme, aunque el miedo muerda, aunque el sol se esconda, y se calle el viento, aún hay fuego en tu alma, aún hay vida en tus sueños. Porque la vida es tuya y tuyo también el deseo, porque cada día es un comienzo nuevo, porque esta es la hora y este es el momento.

MARIO BENEDETTI

Las palabras que recibí más adelante y que hicieron revivir mi alma no son tan hermosas ni tan bien puestas como las de Mario Benedetti, pero tuvieron la misma fuerza y mucho más compromiso.

Abrí los ojos.

No recuerdo ningún ruido ni cuánto tiempo pasó hasta que fui consciente de estar despierto. Quise respirar y no podía. Abrí la boca buscando aire y no entraba. No podía creérmelo. Estupefacto, lo intenté de nuevo. Mi garganta no tragaba ni una brizna de aire, y por la nariz tampoco. Me puse nervioso hasta que dejé de luchar. En cuanto me relajé me di cuenta de que algo bombeaba aire a mis pulmones por la traqueotomía que me habían hecho. Fue duro de aceptar. Despertar no era lo que quería y menos en ese estado.

Me encontraba en una sala amplia, muy silenciosa y en penumbra. Enseguida quise explorar lo que me rodeaba y qué era lo que me hacía respirar. En cuanto levanté las manos vino una enfermera, impidiendo mis movimientos.

—Francisco, tranquilo. Todo ha ido bien. ¿Tienes dolor? Este botón rojo es para suministrarte morfina. Tú mismo te vas dando. No te preocupes si te pasas porque se corta solo. No te toques los tubos.

En todo momento tenía una enfermera a mi lado, trasteando por mis muñecas, limpiándome la cara, en sus cosas, protegido.

No podía creer dónde estaba. Me encontraba muy mal, estaba aturdido. Respiraba sin voluntad. Una máquina se encargaba de hacerlo por mí. Desde el tórax hasta el cuello eran todo vendas, pero en el cuello era exagerado. Era una especie de nido como de algodón rodeado de una enorme masa de vendas que más parecía una gran bufanda de esas enormes y calurosas. Exploré con la mano el tubo conectado en el cuello en cuanto se despistaba la enfermera. Era como los tubos de respirar de los buceadores, de plástico rugoso, que no paraba de soplar aire. Fue cuando me di cuenta de que la máquina solo me suministraba el aire y yo involuntariamente respiraba. Me costó mucho asimilarlo. Me tenía que relajar y dejarme hacer. Lo pasé muy mal intentando asimilar lo de respirar por la traqueotomía. No quería respirar así.

Estaba derrotado, sin fuerzas, drogado hasta las cejas y pensé que aún debería morir otro día. Por qué no se acabó ya. Estaba todo dispuesto para haber terminado antes. Cuántas veces tiene que morir un hombre. Mi abuela, mi madre, un hermano de ella, habían sucumbido bajo la tiranía de esta enfermedad. Yo, aunque algo más joven, había aceptado su triunfo. Ese era mi ánimo.

Maldecía haber abierto los ojos otra vez, ignorante de todo lo que habían luchado tanto los míos como el equipo médico.

Estaba hinchado y desfigurado, respirando por un pequeño orificio en mi garganta, lleno de vendas por todo el cuerpo, tubos y cables por todos sitios y desorientado de tantos acontecimientos.

Vinieron más asistentes, me arreglaron un poco las sábanas, me acicalaron un poquito y me dijeron que iba a recibir la visita de mis familiares.

Me puse nervioso. Ellos deseaban ver a la persona querida y esa persona ya no estaba. Verían a un derrotado, ni siquiera podría hablarles, ya que no pasaba ni gota de aire por mis cuerdas vocales a causa de la traqueotomía. Maldita traqueotomía.

No recuerdo muy bien todo lo que pasó en esa visita por mi estado. Me sorprendió la mirada de alegría y satisfacción que vi en el rostro de Chelo y Lola. Sus ojos brillaban con una luz especial. Me hablaban con una inmensa alegría, explicándome muy por encima lo que había sucedido durante mi operación, que duró unas seis horas, que todos los míos estaban ahí fuera celebrando que se había evitado lo inevitable. Me sorprendió mucho su actitud.

Es que no veis cómo estoy, pensaba yo.

Poco a poco, mientras las escuchaba, fui sintiendo vergüenza y rabia.

Vergüenza por haberme rendido, cosa que los míos no hicieron, y rabia por estar muy lejos de sentirme contento y aliviado de haber superado estas decisivas horas.

Me explicaron que la situación era dramática, que el equipo médico no daba esperanzas, pero actuaron, apostaron y ahora tenía yo que creer, tenía que luchar.

Me explicaron muchas cosas más, pero la situación me superaba.

Chelo me habló de mi hijo Eric. Estaba allí fuera, pasándolo muy mal, deseando recuperarme, pidiendo otra oportunidad para nosotros, deseando tener a su padre y me pidió no rendirme por ella y por él. A mí se me partió el alma. Mi amado hijo, mi único hijo, mi niño, sufriendo. Mi hijo me quiere y me necesita, y nada en este mundo te puede motivar más.

Chelo me dejó muy claro que ella aceptaba las secuelas que me dejara este episodio y me retó a que yo las aceptase.

Abrió una puerta ante mí que yo tenía cerrada, me invitó a cruzar la alambrada sin temer a las secuelas. Que valía la pena, que no había otra opción. Sembró con esas palabras la semilla que más tarde crecería en mi interior.

No les dejaron mucho rato a mi lado. Se fueron con ganas de decirme muchas cosas, de darme mucho más ánimo y fuerzas. Sus comentarios empezaron a bailar en mi cabeza. Si ellos creen, yo tengo que creer.

Si no encuentras motivos por ti mismo, empieza a no rendirte por ellos. No es un acto de fe, es un acto de valentía. De aceptar.

Ese día, como excepción, dejaron que recibiese la visita de más gente querida. Entró mi hijo, mi padre y mi hermano David. Cuánto les hice sufrir. Todos estaban contentos y con la premisa de darme fuerzas y ánimos. Entendí perfectamente que las próximas 48 horas eran clave para superar todo lo que me habían hecho. Seis horas antes no había esperanza. Se habían reunido todos para esperar el final. Esas eran las noticias, esa era la realidad.

Las horas iban pasando y las heridas empezaron a despertar. Tenía una gran hinchazón en la parte izquierda de mi cuello, una gran raja cosida por unas fuertes grapas, que empezaba en vertical en mitad de mi labio inferior partiendo en dos mi mentón, seguía en horizontal por mi cuello y bajaba a mi pecho por debajo del pezón haciendo una forma circular, en total unos tres o cuatro palmos de raja.

Y, por supuesto, la maldita traqueotomía. Qué difícil es aceptar la traqueotomía. Es agobiante. Es horrible.

Dentro de la UCI es difícil medir el tiempo. Observaba mi entorno, lo que podía, moviendo los ojos sin menear la cabeza. Vi cómo se acercaban dos personas hacia mí. Iban vestidas de calle, él con traje y corbata y ella con un vestido.

No sabía quién eran. Iba a conocer al gran Julio Nogués y a Anna Farré, una joven y muy preparada otorrino. Se acercaron a mi camilla sin presentarse, me pegaron un repaso visual de arriba abajo y el doctor me dijo:

—Francisco, vas a estar tumbado boca arriba más o menos una semana. Procura no moverte. Es importante que estés tranquilo y quieto —dijo el doctor Nogués con un tono muy didáctico y pausado.

Sin más, marcharon hacia la salida. De pronto, dio la vuelta y otra vez se dirigió a mí:

—Por su bien, estese bien quieto —repitió el doctor Nogués. Esta vez fue más rotundo.

Se dio la vuelta y se marchó. Mi cabeza era todo un caos. ¡Que me esté quieto! ¡Una semana!

El hombre puede creer en lo imposible,
pero no creerá nunca en lo improbable.
OSCAR WILDE

Qué razón tiene el genial irlandés, cómo voy a estar quieto una semana, si apenas soy capaz de estar quieto diez minutos.

Ese fue el primer contacto que tuve con el doctor Nogués, consciente, claro, pues como es obvio, él ya había estado trasteándome unas cuantas horas antes.

No sabía que el doctor Julio Nogués había liderado el equipo de médicos que me había operado. Y fue una suerte inmensa.

Cuando entré de urgencias con el sangrado de la carótida, él ya marchaba para casa. La suerte o el destino hicieron que se interesara por mí, que no se fuera. Tengo tantas cosas que agradecerle.

Me metieron en quirófano para hacerme la traqueotomía y así evitar que me tragara mi propia sangre. Taponaron la zona sangrante, me hicieron un TAC y estudiaron todo lo visto hasta el momento.

Tenía una necrosis galopante por todo el perímetro de mi cuello y cara, tejidos muertos por doquier. Se había perforado la arteria por diferentes sitios y reconstruir tanta superficie de carne muerta y coser la vital arteria dentro de mi boca se hacía inviable. La radioterapia, aparte de necrosar todos los tejidos de mi cuello y cara, se había comido parte del hueso que tenemos detrás en la nuca. Me estabilizaron y llamaron a la familia para comunicarles la fatal noticia. No había mucho que hacer.

Fue el mismo Julio Nogués el encargado de comunicárselo a los míos.

Los que recibían la noticia fueron mi cuñada Montse, Lola y Chelo.

No puedo detallar lo que allí se habló, pues aunque me lo hayan explicado unas cuantas veces, mi relato no se acercaría ni lo más mínimo a lo que allí se vivió.

Demasiadas lágrimas para poder recogerlas, demasiada fuerza y drama hasta alcanzar la sinrazón, mucha inteligencia y mucha realidad.

Imaginarlo es más que suficiente, y más sabiendo el acuerdo final.

Al final me operaban aún sin esperanza, y eso a los míos les valía porque no había más que hacer.

Cuando se juntan personas extraordinarias salen cosas extraordinarias. El gran premio que recibí, años de vida.

Cómo me gustaría que mi relato se acabara ya, que no hubiera mucho más que contar.

Te adelanto que voy a morir sin morir unas cuantas veces más. Aún me esperan situaciones que me llevarán al límite, justo ahí, a tocar el vacío.

Hades tendrá que esperar, no sé cuánto, pero aún no me recibirá.

Probablemente de todos nuestros sentimientos
el único que no es verdaderamente nuestro
es la esperanza. La esperanza le pertenece a la vida,
es la vida misma defendiéndose.
JULIO CORTÁZAR

Las horas, el tiempo en sí, no existe en la UCI. No hay sol ni luna, no hay norte ni sur, no hay un después. Hay un ahora.

Ninguna rutina que cumplir y muchas cosas nuevas que asimilar. Ya no era un derrotado. Tenía que asumir mi situación y así me lo propuse.

Pero tal como la semilla de esperanza empezaba a instalarse en mí, también por inercia vuelve el miedo. Miedo a perder. Ya tenía motivos para luchar, pero también para temer.

Los primeros días están borrosos en mi cabeza, en parte por los dolores dormidos con morfina, y en parte por cansancio natural de tanto trajín.

Las cosas nuevas son las que más recuerdo. Ten en cuenta que tendré que orinar, defecar, comer y asearme sin moverme. Y encima no puedo hablar, estoy incapacitado hasta para gruñir.

Orinar no era problema porque tenía un tubo por el pene que, sin ser consciente, se encargaba de evacuar. La comida tampoco era un problema. Tenía metido por la nariz hasta el estómago un tubito blanco al que la enfermera se encargaba de suministrarle agua y comida líquida a su voluntad, que no a la mía. Para poder comunicarme, me dijeron que les pidiera una pequeña pizarra donde podría escribir con esos rotuladores que se borran con la mano y que yo, la verdad, no tenía muchas ganas de utilizar.

Lo de defecar y asearme sí que tuve que tragar saliva y aceptarlo. Es muy violento e incómodo defecar en una cuña que te instala una asistente debajo de tu culo, y aunque son muy respetuosos e intentan quitarse de en medio las personas que te rodean, eso de *apretar* en medio de una sala es violento. Y muchísimo más que te tengan que limpiar el trasero. Lo que sí ayuda mucho es con la naturalidad con que lo hacen.

El aseo y el cambio de sábanas lo hacían entre cuatro personas. Tienen una habilidad increíble. Siempre tuvieron buenas palabras conmigo. Es su trabajo y se nota por la desenvoltura y habilidad que tienen haciéndolo. Van poniendo empapadores de agua por debajo del cuerpo y, con soltura y naturalidad, van echando agua, enjabonando y secando sin encharcar el colchón. Para el cambio de ropa de cama tienen que ir girándote y poniendo por debajo las gastadas sábanas, cosa que hacen con una destreza notable.

La primera vez que lo hicieron lo pasé mal. Vinieron con toda naturalidad, hablando entre ellas, regalándome buenas palabras, pero por faena. En cuanto empezaron a menearme les pedí la pizarra para comunicarme. Tenía que decirles que no me podía mover, que me habían dicho que me quedara muy quieto. Enseguida el enfermero se acercó y me tranquilizó. No hizo falta pizarra, mi cara de susto la entendió a la perfección.

Así lo recordaba en mi diario escrito:

—Estás muy asustado, relájate. Ya ha pasado lo peor.

Yo le pedí una pizarra para escribirle que tenía que estar muy quieto por mi bien.

Samu me comentó que sabía perfectamente lo que me habían hecho y dicho, incluso recordaba mi cara el día que ingresé de urgencias antes de la tráqueo.

—Os vi entrar a ti y a tu mujer con los otorrinos y, la verdad, te vi muy apurado —me comentó—.

Estoy al corriente de lo mal que lo habéis pasado tú y tus familiares. Intenta relajarte y no tengas miedo a moverte un poco, que los médicos habrán hecho bien su trabajo. Quítate el miedo, hombre. Verás como todo va bien. Por cierto, tienes un hijo guapísimo.

La verdad es que Samu, supongo que su nombre era Samuel, me hizo sentir muy bien.

Estar más de 100 horas inmóvil en una cama, panza arriba, se hizo muy duro. Gracias a Samu y a personas como él lo llevé bastante mejor.

En la UCI me sentí muy bien tratado y protegido. Pasé siete días recibiendo cortas visitas de los míos y no hubo ningún apuro destacable.

Sí que hubo dos cosas que me gusta recordar. Ten en cuenta que son muchas horas mirando las musarañas, no existe día o noche, la única referencia de cómo pasa el tiempo es el cambio de turno de las enfermeras que me atendían.

El entretenimiento me lo dio una persona asiática, por lo menos eso deducía por como hablaba, pues no tuve la oportunidad de verla, solo escucharla. Estuvo dando espectáculo un par de días. Creo que era mujer y no joven. La ingresaron porque fue atropellada en Barcelona y no portaba documentación ni hablaba castellano. Era la pesadilla de enfermeros y médicos.

No paraba de quejarse, de arrancarse los tubos, de quitarse la mascarilla que le proporcionaba oxígeno. Se levantaba de su camilla e intentaba huir, salir de la sala. Era todo un espectáculo. Me hacían mucha gracia algunas enfermeras, que le pegaban una sonora bronca aun sabiendo que la mujer no entendía ni papa, con esa manía que tenemos de hablar más alto a las personas que son extranjeras con la esperanza de que diciéndolo así nos van a entender.

Con el paso de los días dieron con algún familiar que la vino a ver. El hombre hablaba español con las enfermeras, poniendo «eles» chinas a todas las palabras. A partir de ese día, la mujer se calmó completamente y ya no supe más de ella.

El siguiente episodio, aunque reconozco que ayuda mi mente nefelibata, lo achaco a los sedantes sin duda. Una alucinación que puedo asegurar que la vi y la viví.

Enfrente de mi camilla alcanzaba a ver con mucha dificultad a dos enfermos más. El de la derecha era un hombre sesentón. De vez en cuando gruñía de dolor. Las quejas de ese hombre fueron cada vez más seguidas y más angustiosas. Recibía la visita de equipos médicos que lo atendían a menudo. Vi entrar a un médico con una enorme prótesis plástica semejante a una faringe y laringe completa. Lo trastearon entre unos pocos. El hombre gruñía de dolor, se retorcía. Los médicos trabajaban en él. No alcanzaba a ver lo que estaban haciendo, pero sus quejidos y mi imaginación dibujaban un panorama muy desagradable. No puede ser que le estén poniendo la prótesis ahí mismo. Después de bastante tiempo se fueron dejando al hombre sedado y dormido. No me lo podía creer.

Yo lo viví como si esa prótesis que vi claramente se la pusieran allí mismo, por las bravas. Sé que no puede ser, que es imposible, simplemente una alucinación mezclada en la realidad. Quizá solo era una de esas piezas hecha con resina para explicarle al hombre lo que le habían hecho, o quizá como guía para los propios médicos para poder situar exactamente algún problema. Lo que está claro es que yo iba de morfina hasta las cejas.

Se hizo muy larga la semana. Siete días mirando al techo, moviéndome lo más mínimo. El miedo a que me cambiaran las sábanas se convirtió en placer, pues era la única forma de darle alivio a mi tiránica postura. Las heridas de la operación no me daban muchos problemas, toda mi atención estaba dirigida a la traqueotomía. Es de lo más antinatural respirar por ese tiránico tubo, es agobiante.

El sentido de ella era preservar mi vida, tapar el paso hacia mis pulmones por si me venían más sangrados. El traqueostoma es una hendidura en el cuello, donde introducen en la tráquea una cánula o tubo que tiene forma de L. La parte más larga de la cánula es la que va dentro en vertical. Tiene una pequeña pelota que hinchan con una jeringa y así queda taponado el conducto. La parte más corta, que es la que se ve, dispone de un tope para poder adaptarla al cuello y dos cuerdas para atarla alrededor del mismo.

Tiene otro tubo que es más estrecho y va por dentro, cuya función, por lo menos la más utilizada, es mantener limpio el paso, pues cuando se tapona por las mucosidades se puede sacar y limpiar.

Y ese exactamente es el gran problema. Se atasca muy a menudo.

En cuanto tenía algún problema con la cánula, la enfermera me pasaba un estrecho tubito que aspiraba la mucosidad llamado «Yankauer», y un par de veces al día me la quitaban para limpiarla bajo el grifo. Qué asco de traqueotomía.

Mentalmente estaba más animoso. Había vivido situaciones muy fuertes. Recordaba mi indefensión cuando la sangre escapaba por mi boca y lo derrotado que estaba cuando desperté de la operación. Pero, sobre todo, me estremecía el recuerdo de haberme despedido de la vida frente a Chelo. Me tenía que sentir afortunado. Mientras mi cuerpo esté caliente y la cabeza en su sitio tengo que saborear el tiempo extra que me han dado. Aceptar y progresar.

Ya estaba todo dispuesto para subirme a la planta trece del hospital, la planta de otorrinos. Los días habían pasado sin ninguna complicación añadida, y habían decidido que era el momento de abandonar la protección de la UCI.

Ya os he descrito anteriormente la modesta habitación. En ese momento, para mí era todo nuevo. Me tocó instalarme en la cama que pega con el lavabo, la más alejada de la ventana.

La otra cama la ocupaba Omar, un chico más o menos de mi edad. Él también tenía una cánula puesta y un tubo por la nariz, por donde se alimentaba. Era una persona muy tranquila, muy aseada. Un buen compañero. Veterano del hospital, de la cánula y de la alimentación, sin duda alguien a quien debía observar detenidamente. Se había recuperado de las muchas operaciones que le había practicado. Por desgracia, no podía hablar, le habían extirpado las cuerdas vocales, entre otras cosas. Pero tenía una actitud fantástica, se hacía entender a base de gestos, mirándote a los ojos y vocalizando las sordas palabras.

Tengo infinidad de cosas que agradecerle a Omar. Se convirtió en un referente a seguir.

Omar llevaba la maldita cánula de la traqueotomía con una normalidad que me sorprendía. ¿Conseguiré algún día olvidarme por un instante de ella? Él parecía que sí, que se adaptó a ella con una normalidad que me asombraba. Quizá fuera porque él la tendría que llevar toda su vida.

El tema de las cánulas es un mundo aparte. Las hay de muchos tipos y tamaños. Las van cambiando según tú vas evolucionando. Yo llevaba la de principiante, digamos. Era de plástico blanco, muy grande y larga comparada a las que había visto normalmente.

Tenía que avisar a una enfermera para limpiarla cada dos por tres, ya que se obturaba con la mucosidad. Omar se la limpiaba él solito, cogía el tubo de aspirar, se desmontaba la cánula y listo. Yo quería llegar a eso.

Otra cosa que me sorprendió de Omar era con la alimentación. Los dos aspirábamos a que esta forma de introducirnos el alimento por un tubo hasta el estómago tuviera caducidad. Los dos nos poníamos más o menos a la misma hora a comer. Nunca hizo un comentario negativo sobre el tema. A mí, en cambio, me sentaba fatal. Te ponían la botella con la papilla en alto como si fuera una botella de suero y con un pequeño mecanismo podías regular la rapidez de flujo que se introducía en tu estómago. Si lo ponía lento me podía pegar hora y media conectado a la botella, y si le daba más rapidez me hacía reflujo, subiendo el olor y el gusto un poco asqueroso de la papilla. Hay que tener en cuenta que es un alimento que pasa directamente al estómago y, por supuesto, no está pensado para catar su repulsivo sabor. Cuatro veces cada día tenía que soportar esta situación y aspiraba a llevarlo como lo llevaba Omar, con normalidad.

Y, sobre todo, me enternecía enormemente verle llamar a su familia cada noche. Marcaba el número y esperaba a escuchar la voz de su mujer y de sus hijos que estaban en Marruecos. Él no podía hablar, ni siquiera gruñir ni emitir sonido alguno. Solo escuchaba, daba golpecitos a su teléfono para certificarle a los suyos que estaba en línea, lloraba y reía en silencio; era una hermosa escena.

Las primeras semanas se quedaba a dormir mi mujer en la butaca por mi estado débil e incierto. Ya había asimilado todo lo pasado y deseaba alcanzar algo de normalidad y de tranquilidad. Tenía que esforzarme en tragarme el sapo de la traqueotomía lo antes posible, recuperar fuerzas para poder ser autónomo, y evitar que mi mujer pasara más noches en el incómodo sillón que estaba al lado izquierdo de la cama junto al baño.

El equipo de otorrinos pasaba cada mañana sobre las nueve. Me trasteaban las heridas, mandaban a las enfermeras cómo curarlas y poco más hacían delante de mí. Nunca venían menos de cuatro o cinco en grupo, siempre encabezados o dirigidos por alguno. Hablaban entre ellos preguntando unos y contestando otros. La visita raramente duraba más de diez minutos.

No sé si fue el segundo o el tercer día de estar en planta cuando me visitó Julio Nogués. Enseguida reconocí a la persona que vino por la UCI y me dijo que estuviera haciendo la estatua una semana. Vino rodeado de su equipo de otorrinos. Lo primero que me dijo fue que agradecía la carta que alguien de mis allegados le había enviado al director del hospital, agradeciendo el gran trabajo que habían hecho conmigo. Chelo le hizo saber que fue Lola, que también es médico, quien la había redactado, y él, muy agradecido, nos hizo saber que no están acostumbrados a recibir esa clase de felicitaciones. Me auscultó con autoridad, reflejando seguridad y explicó a sus acompañantes algún detalle de la intervención.

Carta de Lola dirigida al director del hospital:

A la atención del Dr. Xavier Corbella

Esta carta es para hacerte llegar en calidad de gerente territorial mi más profundo agradecimiento por el trato y el servicio recibido días pasados por parte del personal del Hospital de Bellvitge.

Los acontecimientos comenzaron el 18 de octubre cuando un muy buen amigo mío, Francisco Montes Membrives, fue llevado a urgencias por el SEM presentando un sangrado abundante originado en el cuello. Se trata de un paciente de 46 años, tratado previamente con radioterapia por un tumor de cuello. La atención en el servicio de reanimación de urgencias fue inmediata y muy eficiente, pasando a hacerle un taponado urgente y una traqueotomía que paró la hemorragia. Posteriormente, le hicieron un TAC y nos informaron de la enorme gravedad de su estado y de las pocas posibilidades de sobrevivir que tenía. Pese a todo, nos dieron la oportunidad de hacerle una intervención «a la desesperada» para evaluar los daños y parar el sangrado, intentando reparar lo que pudiesen, oportunidad que aceptamos con todas sus posibles consecuencias.

La intervención llevada a término por el Dr. J. Nogués, la Dra. Anna Farré (otorrinos), los cirujanos plásticos y los vasculares, duró unas seis horas interminables para nosotros y sin duda agotadora para todos ellos. A las 00:30 del día 19 nos informaron que habían hecho todo lo posible para limpiar las zonas de necrosis, parar la hemorragia y reconstruir la zona. Aunque nos daban buenas noticias, en todo momento fueron muy claros: estaba muy grave y había que esperar.

Los días siguientes a la reanimación fueron muy duros pero el personal que le cuidaba tuvo un trato impecable con el paciente y con la familia, y es por todo junto que yo, como compañera y trabajadora de esta empresa, me siento tan orgullosa del trabajo hecho por vuestro equipo. También quiero traspasarte el agradecimiento de la familia y del propio paciente, que ahora se está recuperando del proceso y que está profundamente agradecido.

Por tanto, agradecería que hicieses extensivas estas palabras a los médicos antes mencionados y a todo el equipo de reanimación que tan bien nos han tratado.

Muchas felicidades por vuestro trabajo.

Dra. Dolors Ruiz Blanes

Qué puedo decir sobre Lola. Nada más que rendirme a su generosidad y capacidad. Cómo pagar esta deuda impagable, ya que nadie más que unos pocos son capaces de regalarte tiempo y darte vida. Y ella lo hizo.

A los pocos días me retiraron la morfina, todo iba bien. Me retiraron la sonda de la orina y me animaron a sentarme en el sillón. Fue un avance increíble. Después de quince días boca arriba en la cama, poderme sentar en la butaca era un placer no disfrutado por mi estado débil, pero sí un paso más cerca hacia la puerta de salida con dirección a casa.

Pasadas esas dos semanas, me deshincharon un poco el globo de la traqueotomía que tapa completamente el paso de aire, y me dijeron que intentara hablar. Después de unos cuantos intentos me salió «Yankauer». Eso provocó la risa de todos. Podía gruñir algo entendible. Un pasito más.

Poco a poco, me iban quitando vendajes y grapas. La bufanda de gasas que tenía alrededor del cuello iba mermando.

Pronto me di cuenta de que solo progresaba o pasaban cosas nuevas si el doctor Nogués encabezaba las visitas que recibía de los otorrinos. Si él no venía, no había avance. Esto era así. Cuántas cosas tengo que agradecer a este hombre. No quiero ser injusto e ignorar a otros muchos otorrinos que se involucraron, e incluso sufrieron casi todas mis crisis, como por ejemplo Laura Palomeque, doctora joven que mostró una gran empatía hacia mí y hacia toda mi familia. Ella también tuvo un papel difícil y decisivo en mi recuperación.

Gustavo, Anna, Jordi, Paula, Laura... todos trabajaron con profesionalidad. Pero los días que no me visitaba Julio Nogués eran días planos y sin evolución.

De mi operación y las secuelas apenas hablábamos. Toda mi gente estaba más que satisfecha de que estuviera con ellos, con vida. Era por lo que lucharon y fue lo que consiguieron. Yo tampoco tenía mucha necesidad de saber. Había muchas cosas por las que tenía que luchar y mi obsesión era mirar hacia delante. Lo pasado fue muy doloroso y mi presente estaba repleto de retos.

Pero, sobre todo, como dije antes, en cuanto recobras esperanzas recobras los miedos. La traqueotomía era el mayor obstáculo para mí. Nada es comparable con la puñetera tráqueo. No me relajaba en ningún momento del día, y cerrar los ojos para dormir era como entrar en el túnel del terror, no sabes en qué momento te vas a sobresaltar y buscar la Yankauer para aspirar el taponamiento.

Me tenía que centrar y respirar con mucha tranquilidad. El paso del aire a través del traqueostoma es directo a los pulmones y eso me creaba mucha mucosidad. Muy poco tiempo disfrutaba de una respiración limpia sin obturación. Cada dos por tres, alguna mucosa se instalaba en la cánula e iba atorando el paso, por lo que necesitaba aspirarla, desmontarla y lavarla bajo el grifo cinco o seis veces al día con sus noches.

Si no fuera por la traqueotomía hubiera sido todo más llevadero. No eran pocas las heridas en mi cuerpo, pero se llevan de forma diferente.

En la operación me habían separado el mentón y abierto en dos la cara para poder limpiar toda la necrosis interior y reparar lo que fue posible la vena carótida. Para sanear tejido muerto me quitaron el pectoral izquierdo y lo utilizaron para reconstruir lo que pudieron las partes muertas de mi castigada boca y cuello. Por fuera se veía un gran corte en mi mentón que bajaba desde el labio en vertical hasta el cuello, torcía en dirección a la clavícula circundando el cuello hasta llegar a la altura de la oreja, para subir hasta ella. Y en el pecho había dibujada una gran S que iba desde abajo del pezón hasta enlazar con la del cuello.

Mi estado abúlico exigía ayuda para cualquier cosa, ir al baño, ducharme, ponerme la medicación o la alimentación.

Poco a poco, aprendí a gestionar la poca energía y a ser más autónomo. Omar, mi compañero, fue un maestro excepcional. Empecé a quitarme y limpiar yo mismo la cánula, cosa que me dio más seguridad. También aprendí a ponerme la alimentación y la medicación. Podía ir al lavabo solo, aunque siempre vigilado por Chelo. En la ducha diaria sí que necesitaba ayuda. A mi mujer le daban una pequeña bata de hospital y unos cubrezapatos nada eficaces contra el agua, y mientras yo me protegía el traqueostoma, ella me aseaba como podía, saliendo casi tan empapada de agua como yo.

Los días iban pasando y mi cuerpo, perezoso de tanta inactividad, había que ir fortaleciéndolo poco a poco. Salir de la habitación y dar un pequeño paseo por la planta fue un avance esperanzador.

Una noche de las que compartía charlas con mi mujer a voz bajita nos pusimos muy tiernos los dos. Charla de dos enamorados que, aunque nos estaban pasando cosas terribles, celebramos que pudiéramos estar juntos, cogernos de la mano, regalándonos palabras tiernas a corazón abierto con cierto erotismo y mucha complicidad. De pronto, para mi sorpresa, me sentí hombre, cosa que hacía más de dos meses que no me pasaba. Fue toda una sorpresa sentirme vivo al completo y una señal inequívoca de que el cuerpo estaba reaccionando por lo menos a mis deseos. No estaba preparado aún para tantas alegrías, pero era un gran síntoma de mejora. Esa noche me sentí especialmente feliz.

Lo que fue más sorpresa aún es que mi cuñado Manuel, que venía a darme compañía muchas tardes, en un momento que nos quedamos solos, me dijo:

—Se te ve muy contento, *cuñao*, no habrás *empalmao*.

No sé cómo lo intuyó. Cuando entraron mi mujer y mi cuñada nos pillaron riéndonos.

—¿De qué os reís? —preguntaron.

—Cosas nuestras —respondimos.

Una vez que pude limpiarme la cánula sin ayuda y moverme fuera de la cama, convencí a mi mujer de que descansara en casa por las noches. Son durísimas las noches del acompañante en un hospital como Bellvitge. Yo la necesitaba sana y lúcida a mi lado, y las noches de hospital, sentada en esa tortuosa butaca, le iban minando sus fuerzas. Dormir en casa iba a ser beneficioso para todos. Para mi padre, que venía todas las mañanas a darle el relevo hasta la hora de la comida, y para mi cuñada Montse, que le daba relevo a él hasta que mi mujer volvía al caer la tarde. Todos tenemos una resistencia y mi mujer la había sobrepasado tres pueblos.

Preguntas y retos tenía mil. Nadie podía asegurar que volviera a comer por la boca, nadie podía asegurar que podría respirar sin la tráqueo, nadie podía asegurar que volvería a hablar con normalidad y nadie podía asegurar que estaba libre de pasar por lo que ya había pasado. Qué pasaría con mi trabajo, con mi manera de ganarme la vida. Qué pasaría con la persona que era hacía apenas unos meses, en qué me convertiría.

No me quería volver loco y si no hay respuestas mejor no vivir instalado en la incertidumbre. Andar es lo único que se podía hacer. Resolver el día a día era lo único que me tenía que preocupar. De qué servía mirar el reloj y desesperarse del paso lento de las horas, del paso lento de los días, de que el espejo siempre reflejara a un derrotado cosido como un balón de cuero desfigurado. Tenía claro que como estaba no quería quedarme. Estar vivo no es vivir.

Era esperanzadora cualquier novedad que me proponían. Me cambiaron dos o tres veces de cánula. Cada vez eran más pequeñas. La meta era poder llevar la de plata, que por lo que me fijé en los veteranos, era la más común de las provisionales. Las grapas se iban cayendo o me las liberaban los médicos. Las vendas iban desapareciendo y las enfermeras nos explicaban y nos enseñaban cómo limpiar las heridas o cómo cortar las gasas de la tráqueo. Todo eso indicaba expectativa y progreso.

Significaba claramente que hay esperanza y mejora. Es muy difícil palpar avances cuando estás tan hecho polvo. Las grandes preguntas como el comer, respirar liberado o hablar no eran contestadas, pero esos avances van en esa dirección y eso es lo que importaba.

Para la sorpresa de todos, y después de unos análisis, me comunicaron que había pillado una bacteria de quirófano llamada acinetobacter que, aunque no era peligroso para una persona sana, por ejemplo, para mis familiares que me visitaban a diario, sí podía serlo para los demás enfermos de la planta, por lo que me aislaban en mi habitación y obligaban a mi compañero Omar a cambiar de ubicación. Fue triste perder la compañía de Omar. Aunque ganamos mucho más espacio para mí y para los míos, el traslado de Omar no fue una buena noticia.

Omar no ganó en absoluto con el cambio. Venía a verme a escondidas de las enfermeras y me contaba que su compañero era un guarro que no mantenía muy bien su higiene. Él no hablaba, pero se hacía entender perfectamente. Entre otras cosas, me llegó a decir, a su manera, que había visto águilas con las uñas más cortas que su acompañante.

Habían pasado tres semanas desde la gran operación y todo iba lento, pero sin retrocesos. Ya me apetecía ver un poco de televisión y leer alguna cosa. Empezaba a disfrutar de las visitas que recibía y de la complicidad con el personal de planta.

En la zona donde se asienta la tráqueo se hizo una pequeña herida y sangraba un poco por ella. Era muy desagradable y aparatoso porque manchaba la mucosidad, tiñéndolo todo con su color rojo chillón. Era más escandaloso que otra cosa, pero no dejaba de ser algo más que preocuparse.

Me dijeron que en un futuro no muy lejano igual cabía la posibilidad de hacer un tratamiento fuera del hospital de Bellvitge. Consistía en hacer sesiones de cámara hiperbárica, un reconocido tratamiento que ayuda, entre otras cosas, a que las heridas cierren con más rapidez. Me comunicaron que me iban a meter en quirófano para ponerme unos drenajes en los oídos, ya que mis castigados tímpanos necesitaban de esa ayuda para soportar ese tratamiento.

La intervención fue sencilla e indolora.

Todo iba bien. Llegó el día que me trajeron la cánula de plata, llamada así porque es de ese metal. Estaba emocionado. Era la última etapa del traqueostoma. Maldito traqueostoma.

Malos ratos había menos, pero había. Son muchos los frentes y siempre está el pesimista que llevas dentro dando por donde amargan los pepinos.

Fue el principio de mi diario escrito. Me costaba muchísimo escribir en él, pero era necesario empezar a hacer balances de situación, porque la conciencia del tiempo en el hospital es totalmente diferente a la cotidiana.

Aparte del pesimista también está el impaciente. Dejando aparte la angustiosa tráqueo, empecé a temer por la alimentación. Llevaba muchas semanas comiendo por un tubito que iba directo a mi estómago y eso lo soportaba bien siempre que fuera algo temporal. Cuando preguntaba a los médicos por la alimentación, me decían que era de lo que menos me tenía que preocupar, que había cosas más importantes que arreglar. Con esa respuesta me tenía que conformar, pero empecé a obsesionarme y a apretar un poco al servicio de inteligencia del hospital, o sea, a los enfermeros y enfermeras. Todos me pedían paciencia.

Cómo entender la vida sin poder comer por la boca. No podría ir a un bar a comerme unas patatas bravas, a un restaurante a comerme unos espaguetis a la carbonara, un buen arroz, un buen entrecot de buey o simplemente celebrar con los míos la Navidad, sentado en la misma mesa, apurando el paté o las conchas de pescado con bechamel.

No es ninguna tontería estar privado de la alimentación como lo hacemos habitualmente. Socialmente, la comida es una de las cosas que más nos unen, compartiendo mesa y mantel, ya sea con amigos, con familiares o, simplemente, por el gran placer de degustar la comida, de disfrutar de los sabores de tantas exquisiteces. Necesitaba saber si había algún problema para volver a comer. No poder hacerlo cambiaría mi vida radicalmente.

Lo único que conseguí fue que todos dijeran el mismo discurso, familiares incluidos.

—Francisco, hay otras cosas por las que preocuparse y, además, tienes una fístula en el cuello por donde se podría ir la comida. Hasta que la fístula no cierre, no podremos hacer pruebas de deglución.

Parecía que a todo el mundo le habían dado el mismo «argumentario», incluido a mis allegados. No tocaba otra que volver a la carga cuando cerrase la fístula.

Iba a cumplir un mes de ingreso. Toda la medicación me la daban con agua y triturada en una jeringa un poco especial que se adaptaba perfectamente al tubo de la alimentación. Me mantenían una vía puesta que ya no utilizaban.

Los paseos los hacía más largos, incluso llegamos a pasear por el exterior del hospital, sintiendo por fin algo de aire fresco en mis pulmones, aunque solo fuera por el maldito tubito de la tráqueo.

El día 17 de noviembre estaba sentado en la butaca de la habitación con la compañía de mis amigos Carlos y Joaquín. Vino como cada día la mujer de la limpieza, una andaluza muy dicharachera que siempre me daba conversación de lo más variopinta, cuando soltó una *bomba*.

—A estas manchas de la pared no les voy a dar con el trapo porque como mañana te vas para casa seguro que vienen a limpiar la habitación más a fondo.

Me quedé de piedra. Mañana me voy a casa y yo sin saberlo. La mujer vio mi cara de sorpresa.

—No lo sabías, Francisco. No sé, eh... igual no...

Tardó poco en hacer la habitación y marchó rauda.

A las pocas horas, vino el doctor Nogués con su equipo y con Antonio y José Luis, los enfermeros con más experiencia de la planta.

—Francisco, mañana te vas para casa. Todo va bien.

Así lo escribí en mi diario escrito:

Hoy, al plantearlo el doctor, la verdad es que se ha confirmado la noticia. Me voy, aunque la fístula no me deja comer por la boca por no haberse cerrado. Además, tengo que ir con la sonda por la nariz para alimentarme, más la cánula de la tráqueo, pero estaré más tranquilo en casa. Bueno, no solo yo, mi mujer, mi padre y el David, que vienen cada día también estarán más tranquilos.

Era una estupenda y sorprendente noticia. Los médicos nos dieron pautas a seguir a mi mujer y a mí, visitas concertadas y pruebas programadas. Los enfermeros nos dieron instrucciones de limpieza, seguridad con el traqueostoma y teléfonos de urgencia, entre otros menesteres.

Antes de que se fueran los enfermeros, pregunté por enésima vez a Jose Luis:

—¿Cuándo crees que voy a poder hacer pruebas de deglución?

El veterano enfermero fue tajante:

—Francisco, hay mucha gente enterrada por hacer pruebas prematuras, o por hacer cosas indebidas e imprudentes, no tengas prisa, disfruta de la estancia en tu casa y todo se andará.

Esa última noche de hospital se hizo muy larga. Pensaba en las grandes ventajas que nos iba a traer a todos esta nueva etapa.

Eric, mi hijo, había acabado el instituto y empezaba un ciclo superior en Barcelona. Andaba muy preocupado por su situación. Mi mujer tuvo que emplearse al cien por cien conmigo, y aunque Eric tiene 19 años, se tuvo que sentir muy desamparado. Muchas noches él solo en casa, con sus padres en el hospital con un futuro incierto, empezando una nueva etapa, en un nuevo instituto, con nuevos compañeros. Eric, en las pocas charlas que teníamos en el hospital, me tranquilizaba diciendo que todo iba bien, que se sentía integrado en esa nueva etapa y que le gustaba lo que estaba estudiando. Por fin volveríamos a casa y podríamos darle un poco de normalidad.

También me daba un poco de vértigo abandonar la seguridad del hospital. Aunque me encontraba mucho mejor, no dejaba de estar *rajado* de arriba abajo, y la maldita traqueotomía me acobardaba. En las cortas cabezadas que echaba, alguna mala pesadilla siempre venía. Los sueños no piden permiso. Muchas cosas habían pasado y aún no estaban todas asimiladas. Mucho dolor, mucho miedo, mucha desesperación. Aún no era el momento de recapacitar y mirar atrás. Había que lanzarse hacia delante y salir del hospital. Era el siguiente paso.

Mi mujer vino temprano. Ella tenía muchas tareas que hacer y mucho papeleo que conformar. La mandaron a farmacia y a recoger unas cajas pesadas llenas de botellines que contenían la alimentación de los próximos días.

La enfermera quitó la vía del brazo, limpió las gasas del traqueostoma y me indicó que ya podía vestirme con mi ropa de calle. Qué emoción volverme a poner mi ropa. Se me hizo extraño llevar calcetines y zapatos. Vino mi mujer muy agobiada. Las cajas de la alimentación pesaban como un muerto y, para enredar más la cosa, mientras esperábamos los papeles firmados, yo empecé a encontrarme mal. Me entró una tremenda tiritera y me subió la fiebre. No me lo podía creer. Tan cerca de ir a mi casa y no era capaz ni de estar de pie. Me tumbé en la cama y me tapé con todo lo que me podía calentar el cuerpo. Esa tiritera exagerada no podía amargarme el día. Sabía que el cuerpo no pararía de temblar hasta que la fiebre llegara a su punto máximo. Mi cuerpo temblaba cada vez menos. Me quedé dormido.

Al rato desperté con un calor exagerado. La fiebre y lo tembleques habían desaparecido y yo estaba envuelto como un canelón. Me levanté de la cama y le dije a Chelo que nos íbamos.

—Nene, no sé si es prudente —me dijo Chelo, un poco asustada.

Yo estaba decidido.

—Nos vamos.

Aún faltaba el papel del alta por entregarnos. Salí con decisión al pasillo y me encontré a la mayoría de las enfermeras en una pequeña reunión.

—Por favor, dadme el papel del alta que mi mujer y yo nos vamos. Ha sido una pequeña tontería lo que ha pasado. Estoy bien.

—Francisco, no puedes irte, hemos llamado a un otorrino para que venga a verte —dijeron casi todas a la vez.

Como venga un otorrino novato me deja ingresado hasta mañana seguro, pensé en ese instante.

—Jose Luis, tú que tienes galones y me conoces, estoy bien, quiero marchar a casa.

El veterano enfermero comprobó que no tenía fiebre y ordenó que me trajeran el papel de alta que ya estaba preparado desde esa mañana.

La decisión de que saliese del hospital seguramente la tomó el doctor Nogués, no porque estaba todo bien, simplemente para cambiar de dinámica. El hospital machaca el estado anímico. Jose Luis sabía de esta situación y tomó la decisión correcta.

Recuerdo perfectamente la salida de la habitación y el camino hasta los ascensores por lo caótico. Mi mujer iba empujando con mucho esfuerzo una silla de ruedas que en principio era para mí, pero que terminamos llenándola con todas las cajas de la alimentación y con todos los enseres que había acumulado en mi largo mes de ingreso. Yo iba súper mareado, con una gran inestabilidad que no había notado en la habitación. Pero solo tenía que llegar abajo, sentarme en el coche de mi hermano David, que ya esperaba abajo, e ir a mi casa. Bajar los trece pisos en el ascensor no fue más fácil. En cuanto se puso en marcha me entró un vértigo terrible que me obligó a cogerme de la silla con fuerza. Intenté disimular la debilidad y el mareo, pues si Chelo me lo detectaba sería la primera que no me dejaría marchar a casa.

Me parece razonable pedirle una tregua a la muerte. Me ha golpeado con virulencia y me ha dejado sin muchas fuerzas. Sería justo un descanso para mí y para los míos. Tiene que tener algún sentido tanto esfuerzo. Hemos luchado con tesón y la vida se abre camino en cuanto siente un poco de aliento.

Por desgracia, la tregua solo duró dos días.

Mi hermano David nos dejó en la misma puerta de casa. Subimos todos los bártulos y por fin entraba en mi casa un mes y dos días después.

No fue como había imaginado. ¿Quién no se siente protegido y calmado cuando vuelve a su nido? El problema era que, en cuanto entré por la puerta, lo primero que me vino a la cabeza fue lo que pasó la última vez.

Me acerqué al sofá para descansar y miré al suelo donde hubo un gran charco de sangre la última vez que me senté ahí. Ya no estaba, no había ni el más pequeño indicio. Me vino como un puñal la imagen de la sangre, no vista por mí sino por otros ojos, los ojos de mi hijo. No había pensado en esa situación. Él estaba en el instituto cuando pasó todo. No le había preguntado a Eric por esa imagen inevitable que tuvo que vivir, la sangre en el suelo, el cuarto de baño teñido con los borbotones de coágulos granates. Un escalofrío tremendo recorrió mi cuerpo desde la cabeza hasta los pies. Cuánto dolor estoy pasando y cuánto dolor estoy provocando a mí alrededor. Va a ser duro recordar.

No tengo un certero recuerdo de esta primera noche en casa. Ni cómo la pasé, ni cómo desperté. Tampoco escribí en mi diario nada de lo que pasó esos dos días. Lo único que recordamos fue la gran dificultad que nos ocasionó poner la botellita de la alimentación en alto, cosa que conseguimos quitando el cuadro grande del comedor, el que está encima del sofá, y en una alcayata la atamos como pudimos.

Me es sorprendente comprobar cómo mi cabeza ha desechado esos dos días de tranquilidad. Es muy raro no recordar cosas tan simples y tan deseadas como acostarme en mi cama un mes después, con lo que uno extraña su cama. No recuerdo tampoco ninguna inseguridad ni con la ducha ni con la traqueotomía. Chelo tampoco recuerda nada más.

Después de pasar dos noches en casa, por la tarde, sentado en el sofá, tosía sobre un pañuelo de papel. El papel se manchó de granate. Miré a ver si era de otro sitio, pero no. Tosí un poco más y constaté que la sangre salía de mi boca. Fui al baño y busqué, ayudado del espejo, la fuente de la alarma. No era como la otra vez, ni mucho menos. La sangre no manaba, solo manchaba de rojo el papel. No me alarmé. Podía ser cualquier cosa menor. Tenía que ser algo menor. No se parecía en nada a lo que viví anteriormente. Tampoco es que fueran buenas noticias, simplemente había que saber por qué narices mi boca sangraba de nuevo.

No había duda de que teníamos que volver al hospital a que me dijeran qué estaba pasando.

Fuimos Chelo y yo en nuestro coche hacia el hospital de Bellvitge. La sala de espera de urgencias estaba repleta, como era previsible. No tardaron más de quince minutos en llamarnos, un privilegio si no entras en ambulancia.

Tuvimos la suerte de que estaba de guardia la doctora Laura Palomino, una joven otorrino del equipo del doctor Nogués que conocía mi expediente mejor que nadie. Ella estuvo en el primer sangrado y era una habitual de los controles diarios que me hacían cuando estaba ingresado. Me exploró en su diminuto despacho y me dejó en observación en un cuarto mientras las enfermeras me hacían diferentes controles.

Apareció Montse, mi cuñada, a darnos compañía. Yo me encontraba bien.

Supongo que, premeditadamente, Laura nos dejó unas tres horas de larga espera a ver cómo evolucionaba. Y lo único que evolucionaba era mi impaciencia. Odiaba estar otra vez en el hospital. Pensaba que por la más mínima memez no me dejarían ir a casa. Mi expediente médico es muy complicado y cualquier profesional, si no lo tenía claro, no me dejaría marchar. Contaba con la ventaja de que Laura conocía perfectamente mi expediente clínico y quizá ella sí que podría dejarme ir.

Al fin apareció la otorrino:

—Francisco, no sé exactamente de dónde te ha venido el sangrado. Lo prudente es ingresarte para ver cómo evolucionas. No hay camas en la planta de otorrinos, por lo que me estoy moviendo para conseguirte una en alguna planta cercana.

—Laura, no me hagas esto. Yo estoy bien, vivo a menos de quince minutos del hospital. Si volviera a sangrar podría llegar con rapidez.

Laura, desde el primer día que me atendió, percibí una fuerte empatía sobre mí y mi familia. Sus gestos me decían que dudaba, pero no cedía. Estuvimos rebatiendo argumentos durante un buen rato. Lo que yo no sabía es que eran dos contra uno. Mi mujer, puesta a mi espalda, iba negando mis argumentos con gestos a la doctora y asintiendo a todo lo que ella decía. Yo no lo sabía, lo supe bastante después. Qué razón tenían las dos. Qué imprudente fui al querer ir para casa, menospreciar los indicios del mazazo que vendría poco después.

Dicen que el cementerio está lleno de valientes, y creo que también de imprudentes.

Una hora más tarde nos comunicaron que subiéramos a la planta catorce, donde las enfermeras nos formalizarían el ingreso. Me tenían que dar una habitación para mí solo, pues aún transportaba el bicho del acinetobacter y no es prudente compartir habitación con otro ingresado. Tampoco es la planta de otorrinos y, por consiguiente, la habitación no estaba preparada para algunas particularidades de mis dolencias, por ejemplo, hubo que traer equipos de aspiración de otra planta por mi traqueostoma y alguna Yankauer para aspirarme en la susodicha.

Yo estoy bien, no hay por qué alarmarse de nada. Ya han pasado unas cuantas horas desde que manché ligeramente un pañuelo con sangre. Todo quedará en una formalidad y mañana el alta. Así pensaba, y así me esforcé para convencer a Chelo de que fuera a casa a dormir. Por qué van a venir complicaciones.

Me cago en la ley de Murphy.

Desperté pronto en la solitaria y aislada habitación. Hubiera tenido un buen recuerdo de ese amanecer de otoño. Estaba acostumbrado a la planta trece donde ya a primeras horas había mucho movimiento de gente y, en cambio, en la planta catorce donde me encontraba, era todo silencio. Entraba mucha luz por la gran ventana acristalada orientada hacia levante y me acomodé en una humilde silla de madera de esas plegables, dándole la espalda al sol de la mañana, mirando hacia la puerta de salida. La noche había ido sin incidencias. No había rastro de sangre en mi boca, nada que me retuviese más tiempo en esas cuatro paredes. Fuera me esperaba un sol que radiaba generosamente su energía.

A mí el dicho me vino al revés, después de la calma vino la tormenta.

Entró una enfermera a tomarme la temperatura. Sin previo aviso, salió un torrente de sangre por mi boca. No, otra vez no... La enfermera dio la voz de alarma y enseguida vinieron un montón de ellas. Me miraban incrédulas viendo el espectáculo. Yo, con la cara desencajada y hundido, y ellas, mirando algo que no entendían. Otra vez no, otra vez no... No pensaba en nada, no quería pensar en nada. Vi a mi mujer entrando por la puerta. No me atreví a decir nada, me convertí en un espectador inanimado de mi propia desgracia.

Por no atreverme no me atreví ni a recordar lo que pasó hasta que apareció Laura Palomeque, la otorrino. Recuerdo que se acercó a mí, esperó a que terminara de vomitar otro montón de sangre, recuerdo que improvisó un tapón con una bola con algún papel o algo parecido y me lo introdujo en la boca para evitar que los pulmones se llenaran con mi propia sangre, ya que por la tráqueo respiraba, pero el paso de la boca a los pulmones lo tenía liberado. No recuerdo más. Me desmayé.

Mi mujer recuerda ese día mucho mejor que yo, ya que mis luces se apagaron muy pronto y no desperté hasta pasadas unas cuantas horas.

Ella recuerda que, al entrar a la planta catorce, donde estaba ingresado, se dio cuenta de que algo no marchaba bien. Mucho correr de enfermeras por la planta. Temerosa, entró en la habitación y se encontró con la esperpéntica imagen. El charco de sangre en el suelo, mi mirada perdida y agónica y las enfermeras estupefactas. Sabía que yo no estaba en el sitio adecuado. Salió corriendo y bajó a la planta trece. Su desesperación la volvió osada y abrió la puerta del despacho de los otorrinos. Se encontró una sala repleta de médicos en plena reunión. Todas las miradas se fijaron en su cara desencajada.

—Por favor, necesito ayuda, mi marido está sangrando arriba en la planta catorce, por favor, ayúdennos.

—Enseguida subimos...

Palabras frías. Solo quedaba esperar.

La esperanza es el peor de los males,
pues prolonga el tormento del hombre.

Aquel que tiene un porqué para vivir
se puede enfrentar a todos los cómos.

Ambas citas de FRIEDRICH NIETZCHE

¿Se pueden dar como válidos los dos razonamientos del filósofo alemán? ¿Pueden vivir al mismo tiempo los dos en ti sin perder la razón irremediablemente? Mi respuesta es sí, pero, joder, qué difícil es.

Es fácil imaginar lo que pasó a continuación. No morí, por supuesto, pero casi. Podría haberse acabado todo, pero no. Desperté en la UCI, más grapas y vendas por el cuello y pecho, la maldita traqueotomía en su sitio, nada que no hubiera pasado ya. A excepción claro está, que llovía sobre mojado.

Resumiendo bastante, tuve parada cardiorrespiratoria con la consiguiente reanimación, me tuvieron que ligar otra vez la necrótica, agujereada y sangrante carótida, reforzar mi boca a base del pectoral mayor izquierdo, el derecho ya lo habían utilizado en la primera operación; me quitaron piel de los dos muslos de las piernas, supongo que para reconstruir; me quitaron la sonda nasogástrica y me hicieron un agujero en la barriga donde pusieron una goma para alimentarme directamente al estómago. Ya solo quedaba esperar a que el primer milagro, tal como me lo describió el doctor Nogués, se repitiese.

Recuerdo el día que el doctor Nogués llamó milagro a todo lo que yo había pasado. No sé si el doctor Nogués es creyente o no. Cuando me dijo esta palabra yo no le di, ni creo que él tampoco, ninguna connotación religiosa, más bien lo entendí como un acto de fe. Un acto de fe, de creer que las cosas pueden salir bien, aunque todo apunte a que no. Que la inacción solo da un resultado, y la acción, quién sabe. Fue una apuesta a favor de mi familia, de mis amigos, de mis seres queridos, una apuesta a favor de mí, en contra de lo que le decían algunos de sus colegas y su razón. Y la apuesta le salió ganadora, otra vez.

El premio es la vida, pero... ¿vale la pena seguir en mi estado? ¿No están dilatando un final anunciado?

Sufrí mucho en este segundo sangrado. Te falta el aire cuando no puedes parar de vomitar, y perder la conciencia en cuanto se pone la cosa desesperante es un regalo. Sé que el final estuvo otra vez muy cerca.

Aun así, había que superar todo esto. Quiero vivir. Ni quiero ni puedo abandonar, aunque a veces lo olvidaba.

Una vez pasado los días de rigor en la UCI sin incidencias destacables, me subieron de nuevo a la planta de otorrinos.

Mi aspecto había cambiado a peor. Mis dos pectorales se convirtieron en dos columnas verticales, parecido a las torres KIO, que exteriormente y desde mi pecho se aferran a mi barbilla. Tenía como un segundo ombligo por donde asomaba una horrible goma de color marrón para poder alimentarme. Me dolía mucho el cuello por la parte cervical derecha. Al subirme los dos pectorales habían dejado sin mucho espacio a la traqueotomía, por lo que me pusieron una grande y larga de plástico. De nuevo el globo hinchado para que no haya comunicación entre la boca y los pulmones. No era volver a empezar con ella, era un mucho más atrás de como empecé.

La radioterapia me había producido necrosis en casi todos mis tejidos internos de la boca, y era imposible saber si estaba frenado ese efecto, pues actúa durante muchos meses después de haber hecho el tratamiento. Me habían implantado a base de mis pectorales tejidos nuevos y solo el tiempo diría si funcionaba. El futuro seguía siendo más que incierto.

La parte frontal de los muslos de las piernas, donde habían cogido la piel, no paraba de sangrar. Siempre tenía empapadas las vendas de sangre. Por más que vendaban y apretaban, terminaba todo el vendaje lleno de sangre, lo que les obligaba a cambiarlo a menudo. Empezaron a chutarme bolsas de sangre.

Empecé a tener otra vez mucha dificultad para tolerar el traqueostoma. Me faltaba el aire aun estando limpia de mucosidad. Es muy agobiante estar privado de una respiración limpia y completa, es agotador. Dormía por extenuación.

Los otorrinos me seguían cambiando la maldita cánula, cada vez por unas más anchas y largas. Y con ninguna había mejora. Todo indicaba que mis problemas para respirar por el traqueostoma venían a la poca base que tenía la cánula, por tener los dos pectorales sobresaliendo en mi cuello, y que impedían que se asentase bien y no quedara estable. Al fin consiguieron una muy especial de plástico muy larga que, aunque yo no noté una mejora notable, ellos la dieron como definitiva, ya que no había nada mejor que ofrecer. A partir de ese momento, mis problemas de respiración los achacaron a la animadversión que le tenía a la tráqueo.

He soportado noches largas en mi vida, pero ninguna como la que tuve que pasar esa misma noche.

Mi mujer estaba conmigo, cuidándome como al principio. Aún era incapaz de moverme solo por la habitación. No paraba de quejarme, no podía respirar bien. Chelo llamó a la enfermera que esa noche estaba de guardia.

—Francisco, tienes que tranquilizarte, estás muy nervioso, relájate, todo va bien —decía la enfermera.

Yo insistía en que no estaba nervioso, que algo no funcionaba bien.

No había manera, no podía respirar con normalidad. Cada vez el problema iba a más. A veces mi postura corporal ayudaba a que la cánula asentara mejor, pero por más que probaba no conseguía nada.

Unas horas más tarde exigimos que viniera la otorrino de guardia. Con mucha resistencia y con muy mala cara accedió la veterana enfermera a despertar a la doctora.

Pasado un buen rato vino Paula, una otorrino del equipo del doctor Nogués.

Pasó de mí como de la mierda. Ese sería un buen resumen de lo que hizo la otorrino.

Me dispensó un calmante en pastilla, se sumó a la teoría de que estaba muy nervioso y desapareció con su cara de sueño.

Yo intentaba bajar al máximo mis pulsaciones, intentando tomar aire profundamente, prestando todos mis sentidos a la acción de respirar. Quizá estaba nervioso, ya no sabía qué pensar. Intenté relajarme, respirar era lo único que quería y cada vez tenía más dificultad.

Así estuve toda la noche hasta que amaneció. Al final empecé a ponerme nervioso de verdad, simplemente porque no podía respirar. Estaba desesperado, me ahogaba. Empecé a tener convulsiones. Vi cómo la enfermera, la misma que me ignoró toda la noche, así como de tapadillo, me puso una inyección en el brazo sin previo aviso, como cuando pinchas un calmante a un paciente descontrolado para que cese su lucha.

No entendía nada. Qué perra con los nervios. Coño, que no puedo respirar. Estoy nervioso porque no puedo respirar...

Las convulsiones y la falta de oxígeno me hicieron perder la conciencia. Solo recuerdo una voz, una voz tranquilizadora que escuché como en un sueño.

—Este chico se está ahogando, no lo veis, se está ahogando... —Era la voz del doctor Nogués.

No sé cuántas horas pasaron desde que me desmayé. Desperté en una sala muy amplia y silenciosa. Estaba solo y no me importaba. Me encontraba en la gloria. Sentía una paz interior tremenda, respiraba. Respiraba por el traqueostoma, pero me parecía maravilloso. Sin dificultad, sin el menor esfuerzo llenaba mis pulmones. Fue una sensación extraordinaria. No sentía dolor, me encantaba hasta la iluminación de la sala. Experimenté una catarsis radical.

Pasó un enfermero por mi lado y, mirándome con un gesto simpático, se dirigió a mí.

—Hombre, Francisco, ya has despertado. Te veo muy bien, ¿te acuerdas de algo?

Negué con la cabeza.

—Pues mucho mejor, Francisco, mejor que no recuerdes nada.

Mi mirada se fue hacia mis brazos, concretamente a las muñecas. Me quedé perplejo. Tenía en ambas muñecas las marcas de haber estado atado, muy atado. Había unos marcados surcos donde unas correas habían dejado su inconfundible huella. Huellas que describían una dura lucha contra ellas, que no cedieron pese a mi empuje y mi desesperación. Y toda esa lucha la hice sin ser consciente. Alucinante.

La sala donde me encontraba se llama RPQ (reanimación de pacientes después de una operación de riesgo). Exploré mi propio cuerpo y no encontré más que una vía puesta en el brazo izquierdo. Nada que ver con las otras dos estancias anteriores en la UCI, donde estaba conectado a un montón de máquinas. Me explicaron que los pulmones se me habían encharcado de sangre. Esto me provocaba la creciente dificultad para respirar y con el colapso respiratorio vino un paro cardíaco con la consiguiente reanimación, limpieza de pulmones y que lo siguiente era saber de dónde venía la hemorragia, porque no lo sabían.

Cómo me alegro de no haber muerto esa noche. Pudo pasar. Fueron muchas horas de sufrimiento sin poder respirar con normalidad. Recuerdo especialmente la última hora antes de perder la conciencia. Sé, porque me lo han contado después, que justo cuando empezaron las convulsiones y el paro cardiorrespiratorio, entraban mi hermano David y mi padre a la habitación. Tuvieron que ver todo el esperpento. Tuvo que ser muy duro. Yo, como he explicado antes, no tenía conciencia. Ni mi querido hermano me quiere contar ningún detalle de lo que tuvieron que ver. No merecíamos ni yo ni los míos que hubiera fallecido esa mañana, con ese recuerdo de sufrimiento prolongado.

Recordando las marcas de mis muñecas, más vale dejar de preguntar. El fin, el ocaso llegará, pero así no, después de todo lo pasado ya, así no.

Solo pasé dos noches en el RPQ. Me mandaban a la UCI. Pensé que era una formalidad, pues ya no había nada que reanimar. La UCI donde me trasladaron no tenía nada que ver con las otras que conocía. Lo recuerdo como un espacio oscuro y silencioso. Tenía forma de semicírculo, donde en medio había como una isla rectangular, con muchos ordenadores, asientos para las enfermeras y médicos, muchos aparatos con ruedas, armarios llenos de vendas, jeringuillas y accesorios varios para las curas, todo en un cierto desorden controlado. En el perímetro redondeado se encontraban los boxes o pequeñas habitaciones donde los pacientes estábamos aislados unos de otros. Me instalaron en una minúscula habitación sin ventanas donde había una cama, muchos tubos y algunas máquinas. El trasvase de la camilla a la cama lo tuvieron que hacer fuera de la habitación porque dentro no se cabía.

Siempre estaba acompañado por alguna enfermera. No paraban de cambiarme las vendas, tanto las dos de las piernas como las del pecho donde antes había pectorales. No paraban de sangrar las heridas. Mantenía la vía en el brazo izquierdo y me sorprendió descubrir que también tenía una en el muslo de la pierna derecha. Ignoraba para qué tenía esa vía de la pierna ni cuándo me la pusieron.

Las visitas estaban restringidas. Solo recuerdo una visita de mi mujer y fue muy corta. Eso indicaba que algo no iba bien.

Qué largo se hacía el tiempo. Estaba entre paredes con la vista al centro del gran espacio, donde apenas había movimiento de personal a excepción del cambio de turno. Había un reloj redondo y plateado con el marco negro, esos de pared, al final de la sala, que no paraba de mirar haciendo que el tiempo aún se ralentizase más. Pero solo el tiempo inmediato, el que pasaba en ese instante. En ningún momento calculé cuantas horas o días pasaban. No sabía qué hacer más que darle vueltas a la cabeza, a todo lo que había y estaba ocurriendo. Estaba impedido para hablar y las enfermeras no colaboraban nada a mis preguntas en plan mimo. Intenté que me trajeran la vieja pizarra que tanto me ayudó para comunicarme, pero viendo las caras de las enfermeras, si alguna hubiera tenido la gentileza de traerme algo, igual se presentaba con un crucifijo en vez de con la pizarra.

Empecé a tener fiebre y a tener mucho frío. La sábana y la colcha eran insuficientes. Temblaba como un cachorro abandonado en Alaska.

No tenía ni idea de lo que me estaba pasando. Creía que era normal que las dos piernas sangraran. Me habían quitado la piel en un rectángulo de veinte por diez centímetros en cada muslo para reconstruir y el aspecto que tenía era como cuando te abrasas la piel en una caída. Era más extraño que también me sangraran las heridas del pecho. Venían muchos médicos que no conocía. Me miraban la boca por dentro, estudiaban las heridas. No salía ni la más mínima palabra de sus bocas.

Yo lo que tenía era mucho frío.

El trato con las enfermeras era muy distante. Todo el mundo andaba muy serio y no mostraban ninguna empatía conmigo ni con los demás enfermos. Hacían su trabajo e incluso, cuando venían dos a la vez, ni siquiera hablaban entre ellas. Me extrañaba muchísimo porque no es una actitud habitual en ese colectivo.

Una enfermera me estaba cambiando las vendas cuando, de repente, la vía de la pierna salió disparada. Un caño de sangre brotaba por la vena liberada, como cuando aprietas una bota llena de vino. Enseguida dio la voz de alarma y se personaron ocho o diez enfermeras en un plisplás... No podían parar la fuga del rojo líquido, que, con presión, salía de mi pierna. Fue cuando conocí en acción a la doctora Periche. Se notaba que era la jefa de planta. Empezó a dar órdenes a sus pupilas.

—Trae toallas, trae vendas, trae la tabla —ordenaba la doctora con autoridad.

Me hizo sacar la pierna izquierda hasta tocar el suelo para tener mejor acceso y mejor ataque a la vena sangrante. La doctora puso gasas, me apretó vendas, puso toallas, la tabla de madera encima de mi pierna y ordenó a una joven enfermera que se subiera encima de mí y de todo ello. La enfermera se subió al torniquete improvisado con agilidad y me miró como disculpándose por la maniobra.

—No se te ocurra moverte —me espetó la doctora con tono marcial.

La habitación parecía el camarote de los hermanos Marx por la masificación de gente. Estaba a petar. Así, tan bien acompañado, estuve más o menos media hora. La postura era incómoda, con medio cuerpo fuera de la cama, y el peso de la enfermera sobre mí empezaba a ser muy incómodo. Pero lo que más me preocupaba es que estaba helado. Totalmente destapado, con la única protección del camisón de hospital puesto, sentía un frío terrible, un frío que inundó mi interior y me hizo sentir como el mármol. Se me estaba helando el alma.

Sin duda, ese gélido estado era por falta de sangre. Había perdido mucha en este episodio y muy sobrado de ella no podía estar por el continuo sangrado que padecía. Intenté decírselo a la doctora con mis gestos. Y me entendió. Lejos de tener buenas palabras, me dijo con un tono muy severo:

—Francisco, no seas quejica, si tienes frío te aguantas. No te muevas. Vas a estar un buen rato así.

Poco a poco, fueron volviendo a sus puestos de trabajo. Al final nos quedamos solos en la habitación la enfermera que estaba encima de mí taponando con su peso la herida y yo. Así, en esa postura, estuvimos mucho tiempo, sin movernos, sin hablarnos, mirándonos fugazmente. Por fin apareció la doctora. Se preocupó de su enfermera por la incómoda misión que le encomendó y la hizo bajar de su embarazosa postura, agradeciéndole el inusual cometido. La vena había parado de sangrar. Reforzó con nuevas vendas la pierna y me ayudó a recuperar una postura natural en la cama. Enseguida me tapé con todo lo que tenía a mi alcance.

—Doctora, tengo mucho frío, tráigame mantas o lo que sea, por favor —intenté decirle con gestos y muecas.

—Francisco, estás hecho un quejica, anda que no nos queda nada contigo como no pares de quejarte. —Y se fue por donde vino.

Al rato vinieron cuatro auxiliares a cambiarme las manchadas sábanas de la cama. Entre ellos vino José, un auxiliar grandullón, simpático y alegre que había conocido en mi primera estancia en la planta trece de otorrinos un mes atrás. La última vez que lo había visto, se despidió de mí con buenas palabras, con buenos deseos de que me recuperase y donde me dio la información de que lo trasladaban a una UCI de personas muy graves o terminales. En cuanto nos reencontramos y reconocimos, ninguno de los dos nos alegramos de vernos. Su cara era un poema. No esperaba encontrarse conmigo en esa habitación.

Se comportó como todos en esa planta, apenas un saludo distante, sin querer tener ningún vínculo con los que estábamos convalecientes. Ahora cuadraban las cosas. Entendí dónde estaba.

En las largas estancias que había estado ingresado, el colectivo de enfermeras y auxiliares siempre habían tenido un trato muy cercano conmigo, salvo en contadas excepciones. En cambio, en esa UCI todo el mundo era esquivo en las miradas y en explicaciones. Supongo que hay que estar en su piel para entender ese trato.

Por dios, qué frío, un frío que por más que te entierres en mantas sigues igual. Me temblaba el cuerpo entero buscando calor en el movimiento. No había sentido nunca esa sensación tan marmórea del frío.

Recordé con especial nostalgia los paseos en moto que nos dábamos mi hermano David y yo por los caminos de tierra en Manresa, en pleno invierno, con las manos desnudas, sin protección. Recuerdo haber parado la moto porque no era capaz ni de apretar la palanca del embrague. Era una mano inoperante, que dolía, que quemaba. La piel de mi cara era como la piel de un tambor, tensada, estirada, con la nariz acartonada, más rígida que un témpano. Pero era un frío de libertad, elegido, buscado, evitable. Nada que ver con lo que estaba sintiendo en ese cuartucho.

No pude evitar que viniera a mi mente un trágico recuerdo. Mi hermano Antonio, tendido en una cama del hospital, inerte, sin vida. A mi hermano mayor se le fue la vida antes de lo debido después de una larga enfermedad, unos años más tarde de que falleciera mi madre. Recuerdo amargo que vino a traerme miedo y angustia. Despedirme de él fue algo muy doloroso y traumático. Era un día frío de diciembre. Subí a la habitación donde lo tenían tendido en la cama, desnudo, tapado con una fina sábana de cintura para abajo. Me acerqué a su cuerpo sin vida y le besé la frente. Fue una sensación muy extraña y desagradable. Noté que ya no estaba besando a la persona que quería, sino a su cuerpo frío y sin alma. Los labios se me quedaron con el gusto del formol con el que lo habían lavado. Me quedé mirándolo sin reconocerlo. Él ya no estaba allí. Aun así, no pude abstraerme de la escalofriante acción que observé cuando vinieron a llevárselo al depósito. De la cama lo pasaron a una camilla totalmente de acero inoxidable, tan fría como la muerte y me escandalicé de esa escena tan cruda. Su cuerpo desnudo descansando con el contacto directo del frío acero es una imagen que no borraré nunca de mi cabeza.

La muerte es frío y el infierno tiene que ser gélido.

Pese a todo, mi cabeza funcionaba perfectamente. Estaba helado pero vivo.

Vino una enfermera cargada con un montón de bolsas de sangre. Comprobó minuciosamente mis datos personales y se los dejó a la enfermera que me estaba cuidando. Lo primero que pensé fue que esa sangre sería el mejor combustible para mi cuerpo, la gasolina que necesitaba para que volviera a calentarse. La enfermera me colocó una segunda vía, en el otro brazo, y les puso una bolsa a cada uno.

La sangre estaba fría como el hielo. No hubo consuelo con ella, al revés. Sentía cómo entraba por la vena helando todo el camino. Estaba exageradamente fría.

Iban pasando las horas e iban poniendo bolsas de sangre. Me cambiaban las vendas ensangrentadas, traían más bolsas, y así por lo menos pasaron tres turnos de enfermeras. No sé cuántos *bistecs* embolsados me chutaron, fueron muchos y todos gélidos.

En cuanto terminaron de ponerme las tropecientas bolsas de sangre, mi cuerpo empezó a calentarse y me quedé dormido como un bebé bien alimentado y recién cambiado.

Desde este episodio hasta el día de hoy me he vuelto el hombre más friolero del mundo, no lo soporto. Pasar frío es acercarse al dolor y a la nada.

Seguían viniendo médicos a verme. Miraban dentro de mi boca con atención y revisaban mis heridas ensangrentadas. No soltaban ni la más mínima información. Me sacaban para hacerme pruebas en máquinas fuera de la UCI, cosa que me incomodaba mucho por mi estado tremendamente frágil. Era un follón increíble. Ya solo sacarme de la diminuta habitación era una odisea. Me habían pegado en diferentes partes de mi pecho unos cables conectados a un monitor y cuando me llevaban de excursión toda esa parafernalia venía conmigo. En vez de una camilla parecía una mudanza.

Quizá por eso me cambiaron de habitación. Me trasladaron en la misma UCI a un cuarto mucho más grande. La habitación tenía forma de polígono irregular de unos 15 metros cuadrados. Pese a estar en un espacio más amplio, no me gustó que la cama no estuviera orientada hacia la puerta de entrada. Era muy importante tener controlado al personal de la planta por mi incapacidad de hablar y de girar el cuello. Dependía de mis cuidadores. Una obturación de la cánula o cualquier hemorragia incontrolada debía ser atendida rápidamente y yo no estaba capacitado para dar ningún aviso, aparte del pirulo ese estándar con la luz roja que aprietas y que solo es válido para memeces varias. Perdí control sobre lo que pasaba a mi alrededor.

Al fin pude conseguir algo de información de lo que me estaba ocurriendo. Vinieron tres personas acompañadas de la doctora Periche, y después de examinarme, hicieron una pequeña reunión a escasos metros de mi cama. Supongo que mi estado crítico les hizo olvidarse de que mi conciencia estaba intacta, y se pusieron a hablar.

El sangrado que estaba sufriendo era porque mi sangre no coagulaba, y después de muchas pruebas y quebraderos de cabeza, descubrieron que un tal factor 8, algo imprescindible para que nuestra sangre no huya por las heridas abiertas, mi cuerpo no lo producía.

Mis problemas anteriores me habían provocado hemofilia adquirida, una rara enfermedad, difícil de diagnosticar, que solo afecta al 0,2 por millón de personas, y que necesita de un costoso tratamiento para intentar curarla. Escuché claramente como la responsable de planta decía que sin la autorización de «los de arriba» no podía suministrarme.

O sea, que vivir o morir depende de una firma, de unos presupuestos, de una voluntad, de un criterio, de una estadística.

Mis heridas sangraban, estaba muy débil y febril, pero después de superar lo que había superado y asimilar tanto anhelo de los míos, no me sentía morir, no me podía pasar eso a mí. Ahora no. Más tarde, más tiempo. Lo merecía, se lo merecían. El momento de dejar este mundo tenía que esperar. Sé que un día moriré, pero sería justo un respiro. Debía de tener algún sentido haber llegado hasta aquí. Mi cabezonería me había traído más de un disgusto de joven, pero ahora debía de ayudar. Estaba muy consciente y muy vivo.

En la nueva habitación no me sentía cómodo, pero me aguardaba una grata sorpresa. Justo a la izquierda de mi cama había una pequeña puerta, mitad de aluminio blanco y mitad cristal tapado con una pequeña cortina que daba a un pasillo. Mirando sin tener que mover la cabeza, podía intuir si era de día o de noche. Y lo más importante, podía ver quién estaba en el pasillo si recogían la cortina. Estaba preparada para recibir las cortas visitas de mi gente. Lo que era una incógnita es si esa puerta facilitaba el tránsito de los míos para saludarme o para que se fueran despidiendo.

Solo podía recibir visitas dos veces al día, una sobre las ocho de la mañana y la otra sobre las cinco de la tarde. Restringían el paso a dos personas y no les dejaban más de diez minutos a mi lado. Pero visualmente veía a muchos más de mis seres queridos. Se asomaban al cristal de la puerta y me mandaban besos y abrazos que recibía con apasionado agradecimiento.

No me había percatado de que hacía muchos días que no me alimentaban. No era un dato sin importancia. Sin comer no puedes vivir, y eran muchos días los que me tenían en ayuno total. Y si hay que dar un mensaje de esperanza, qué mejor que tener hambre.

Pedí que por favor me alimentaran.

—Tengo hambre.

Es un argumento demoledor. ¿A quién le niegas pan?

La verdad es que desde que me alimentaba por un tubo directo al estómago no había tenido la más mínima sensación de hambre. Sí el anhelo de comer, algo obsesivo, pero por la boca.

En cuanto les dije que tenía hambre se sorprendieron muchísimo. Claramente los pillé de traspiés. No esperaban esa reacción.

Lo solventaron poniéndome por vena, con un sofisticado aparato mecánico, un líquido parecido a las papillas que me daban normalmente, aunque en dosis tan minúsculas como la aguja que introducía por mi brazo.

Por las mañanas, sobre las siete y media, siempre estaban en el pasillo exterior mi amigo Pedro y mi amigo Joaquín. Me enorgullecía tremendamente verlos ahí. Me daban una fuerza descomunal.

El derecho de visita siempre lo ejercía mi mujer, acompañada de mi padre o de mi hermano David, que tampoco faltaban nunca. Allí estaban todas las mañanas, desde dentro o desde el cristal. Esa es de las mejores medicinas, la emocional. Empecé a ver a mi gente muy nerviosa.

Con el paso de los días cada vez venían más. Sobrinos, hermanos, cuñados, amigos. Todos juntos a la misma hora. No era normal. Ellos estaban informados de todo lo que me estaba pasando y yo, ajeno a lo que se estaba cociendo, no sabía de la misa ni la mitad.

Por algo que yo desconocía, mi hermano David perdió toda esperanza de que saliera vivo de allí, había perdido la confianza en el equipo médico que me trataba. Hizo lo imposible para llevarme a un hospital de Valencia donde un prestigioso y reconocido otorrino, especialista en casos de necrosis, me esperaba. Yo estaba muy débil, ni siquiera me podía mover para cambiar de postura en la misma cama por mí mismo. No soportaría un viaje en ambulancia de tres o cuatro horas, imposible. Recuerdo el día que yo mismo se lo tuve que negar. Un momento duro.

Mi ignorancia me hacía sentir esperanzado.

—David, hermano, de esta saldré porque no me siento morir. Quiero un compromiso tuyo, un pacto. En cuanto salga de aquí y me recupere, todos los viernes por la mañana tú, yo y el papa almorzaremos huevos fritos con chorizo y morcilla. Prométemelo.

—Sí, hermano —me dijo David, cogiéndome de la mano—, todos los viernes.

Su alma estaba muy triste, decaída, su cara era el reflejo de ella.

Al mediodía daban los médicos el parte a mis familiares. Empezó a venir Lola a esas reuniones. Miau... Algo gordo, muy gordo está pasando.

Una tarde que estaban casi todos fuera en el pasillo, le pedí la pizarra a mi mujer para dirigirme a ellos y escribí:

«Soy una persona joven y fuerte, amo mi vida con mi mujer y mi hijo. Tengo una familia y unos amigos estupendos. Superaremos todos esta dura prueba, tarde lo que se tarde».

Inocente de mí, quise mandarles un mensaje de esperanza, que supieran que, aunque mi aspecto era deplorable, mi actitud era de lucha y mi cabeza estaba bien despierta. Pensaba que los médicos estaban siendo muy negativos en sus informes y no tenían en cuenta la inmensa fuerza interior que aún poseía y procuraba proyectar.

Mientras yo escribía, a mi mujer le dieron una gran noticia. Se puso muy contenta, me cogió la pizarra y añadió: «Al final le operan».

Cuando la enseñó por el cristal todos celebraron la buena nueva con una alegría descomunal.

Yo no entendía nada.

Y no entendía nada porque no sabía nada de todo lo que había y estaba sucediendo.

Lo que ignoraba es que varias noches mi mujer y mi hijo recibieron llamadas de máxima gravedad desde la UCI. Salían hacia el hospital esperando que los médicos no tuvieran razón de cómo les pintaban mi futuro inmediato. Incluso en esos paseos que me daban para hacer pruebas en diferentes máquinas del hospital, DIVAS, resonancias, tacs, angiología vascular, allí estaban los dos, con la soledad de la noche, sin poder ni siquiera verme, esperando que el sol también me saludara a mí al amanecer.

Mi cuerpo sangraba y aunque tardaron en descifrar el porqué, lograron diagnosticarme la hemofilia, y una vez conseguida la firma para las costosas dosis, tratarla. El tratamiento de la hemofilia adquirida no es como una aspirina que te tomas y a los diez minutos hace efecto. Es un tratamiento de semanas. En mi caso fue de meses. Pero eso no era lo único que había que solucionar. El colgajo, o digamos la reconstrucción que habían hecho en mi boca para tapar a la sangrante vena carótida, se había desprendido. Había que operar sí o sí. Yo de eso no sabía nada de nada. Esa era la verdadera causa que me tenía desde el principio en la UCI.

Y operar a un hemofílico es más que jugar a la ruleta rusa. Si las heridas abiertas, que ya tenía, no paraban de sangrar, cómo iban a practicarme unas nuevas.

Se plantearon sedarme y terminar. No había solución.

Las reuniones que tenían los míos con la doctora Periche y sus colegas estaban siempre envueltas de crudo pesimismo y falto de esperanzas, con discursos duros y faltos de empatía.

El único que mostró determinación fue el doctor Nogués. Su pronóstico era tan incierto y pesimista como el de sus colegas, pero él estaba dispuesto a dar lo que los demás negaban, estaba dispuesto a intentarlo. La cruda realidad no se podía ignorar. Fue claro en su discurso: «Solo se pueden hacer dos cosas, intentar operarlo, y lo más probable es que se me quede en la mesa de operaciones; o sedarlo y terminar con este sufrimiento. Para operar necesitaría convencer a otros especialistas en cirugía maxilofacial para hacer que los nuevos tejidos tengan riego sanguíneo, entre otras cosas. Seguramente tendré que cortarle a Francisco parte de la lengua, de las cuerdas vocales y ya veremos qué más cosas. Y, por desgracia, tiene muchas posibilidades de que no salga con vida de la operación, y si sale no sé en qué estado os lo voy a devolver».

La respuesta de Chelo fue la única posible, la única que ella soportaría: —Doctor Nogués, inténtelo.

Os he descrito parte de las conversaciones que mi mujer, David, Lola y Montse tuvieron con Nogués y el resto de doctores. Hubo muchas más durante toda la estancia en la UCI. Hubo tensión y mucho cabreo.

Yo solo sabía que me operaban y punto, nada más. Esa misma tarde prepararon todo para la operación.

Ajeno a la dramática operación, me tenían en los boxes de los quirófanos. Estaba muy contento porque los míos estaban contentos. No pregunté por su extraña celebración a esta intervención que me esperaba, para qué. Qué podía hacer yo para cambiar algo. Nada.

Recuerdo que estaba tranquilo. Se acercó una otorrino del equipo del doctor Nogués vestida de verde, la típica indumentaria de quirófano. Me cogió de la mano y me dijo:

—Francisco, te vamos a hacer una intervención de mucho riesgo. Es posible que tengamos que extirparte las cuerdas vocales y parte de la lengua. Y es posible que tengas que llevar para siempre la cánula para respirar.

—Que no pueda hablar me da igual, pero comer y respirar por la boca no es negociable, no lo soportaré —le dije a la joven doctora.

No sé cómo me hice entender, pero me entendió a la perfección, y no le dio la más mínima importancia a mis reivindicaciones.

—Francisco, las personas que tienen que respirar por una traqueotomía tienen un buen nivel de vida, pueden montar a caballo, esquiar, navegar, reír, amar... lo de comer ya se verá. —Y desapareció por el pasillo.

No quise pensar en sus palabras. Estaba bastante harto de tantos vaivenes en mi estado anímico. Lo que tenga que ser será, y los médicos a veces parecen un prospecto de cualquier medicina, que como lo tomes al pie de la letra más vale no hacer nada.

Después de tantas operaciones a vida o muerte, esta era la única que entraba despierto y consciente al quirófano. Era un espacio muy grande y había muchas caras nuevas. En la pared había una especie de paneles, con un montón de herramientas, sierras, tenazas con formas imposibles, martillos raros. Se asemejaba a una carpintería futurista.

Me llamó la atención que, aparte del traje verde que era común en todos, la mayoría llevaban gorros diferentes, de colores vivos y con dibujos desenfadados. Fueron muy amables, dedicándome muchas palabras cariñosas y de ánimo.

La anestesista me colocó en la vía un tubo y me dijo en un tono muy cálido que pensara en algo bonito, en algún recuerdo o lugar agradable y que después contara hasta diez. Pensé en una playa, finalizando el verano, sin viento y al atardecer, con el sol bajo y anaranjado que se dejaba mirar, y el mar en calma meciéndose en la orilla. Uno, dos, tres, cuatr...

Qué fácil es morir, es más fácil de lo que parece. Podría haber pasado, pero no pasó. Enfrentarse a la vida es, sin duda, el mayor de los retos.

La operación no duró más de cuatro o cinco horas. Desperté en la misma habitación de la UCI donde había estado la última vez, sedado hasta las cejas y empapelado de vendas por casi todo el cuerpo.

Venían muchos médicos a verme, caras nuevas que no había visto antes o no reconocía. Miraban las heridas y dentro de mi boca. Esta vez no me dijeron que me quedara quieto, que no me moviera como pasó la primera y segunda reconstrucción. Era obvio que no me iba a mover porque no podía. No me había sentido más agotado, débil y vulnerable como en ese momento.

La habitación me pareció más oscura y silenciosa que la última vez. Los enfermeros que me atendían seguían igual de distantes o más. Y lo peor de todo es que yo me encontraba muy mal. Pasé muchos días así, estando sin estar, perdido en un cuerpo que no sentía mío.

Seguro que mis seres queridos celebraron que no me desangrase en esa operación, seguro que vinieron a verme y a trasmitirme su alegría y su fuerza, pero no recuerdo nada de eso. Todos se volvieron invisibles.

No recuerdo la más mínima interacción. Era como si me hubiera dividido en dos seres y, encima, estaban enfrentados. Mi mente la reconocía como mi yo, pero a mi cuerpo no. Y todo mi mundo, toda mi atención era darle vueltas a ese estado.

Y es que mi cuerpo se convirtió en una especie de parásito inútil y dictatorial que no atendía a mis deseos y órdenes. Los ojos eran los únicos que seguían fieles. Los brazos apenas los podía mover, el tronco era eso, un tronco, y la pierna izquierda no la sentía. Hice un gran esfuerzo para tocarla a la altura del muslo para ver si tenía sensibilidad en ella, y sí la sentía, pero ni se doblaba ni podía mover los dedos. Hasta el dolor era ajeno a mí, era el cuerpo quien lo tenía, y la morfina lo calmaba. Yo, mi psique, simplemente era el sufridor de una mala asociación. Hasta respirar no era cosa mía, pertenecía a ese cuerpo inútil y vago. Hinchaba los pulmones a través de la tráqueo y los deshinchaba. No necesitaba de mí para hacer ese movimiento. Eso le bastaba para seguir caliente. Mi cuerpo era un caballo desbocado que me arrastraba al abismo. La dualidad entre mi cuerpo y mente casi me hace perder la razón.

Platón consideraba que el cuerpo era una entidad salvaje (como un caballo) que debía y podía ser controlado por el alma, que era el jinete de las pasiones.

Aún hoy me pregunto si el inmortal Platón no tiene algo de razón.

Lo que llamamos realidad me la traía el día a día con las pocas personas que interactuaba. Las heridas empezaron a mejorar y a esos doctores nuevos que no conocía empecé a llamarles por su nombre. Pasados estos días más oscuros, recibía con gusto las cortas visitas de mis familiares, aunque mi mente seguía nublada.

Recuerdo el día que me quitaron las vendas de las piernas. Hacía varios días que no me las cambiaban y, al descubrir las heridas, en cada una había, por lo menos, cuatro centímetros de grosor de sangre seca. Fue un avance importante, la sangre dejaba de brotar y por fin mi cuerpo la retenía. Lo que no fue tan agradable fue eliminar esa masa seca granate. Con mucha paciencia y con delicadeza, porque era un poco doloroso, una enfermera dedicó un montón de tiempo a quitarme esas costras secas y bien agarradas a mis piernas.

No tuve tanta suerte con las heridas del pecho. No lo digo porque no dejaran de sangrar, que lo hicieron. El infortunio fue que dejaron un espesor importante de sangre seca en cada herida, y muy bien incrustada. La que se animó a quitármelas fue la mismísima doctora Periche. Le tenía miedo a esa mujer. Un miedo que tenéis que entender como a alguien que hay que evitar. Y es que me hizo pasar, entre otras cosas, mucho frío. Le encantaba destaparme, y aunque interactuaba poco conmigo, cada vez que lo hacía era para algo doloroso. Recuerdo especialmente el día que me dijo que iban a cambiar la sonda de la orina.

—Procura colaborar, Francisco, que te va a doler un poco.

La cara de la doctora no transmitió la más mínima compasión. Las tres veces que me habían sondado para evacuar la orina, siempre había sido en el quirófano, cuando Morfeo me mecía entre sus alas. Esta vez lo harían sin la más mínima anestesia. Me dolió mucho, un repelús que me duró varios días.

—Francisco, respira, respira.

—Joder, joder.

Esta vez, para rascarme y sacar esa sangre seca e inútil, sentó la gran jefa su santo trasero en la cama y, con delicadeza, empezó a rascar con un bisturí. En la habitación estábamos la doctora, yo, una enfermera que siempre la acompañaba y un joven doctor del equipo de cirujanos plásticos llamado Thiago.

—Ay, Francisco cuántos quebraderos de cabeza nos has hecho pasar. Y mira, parece que al final va a servir de algo tanto esfuerzo. Qué te parece Thiago, si parece que este hombre siempre está enfadado conmigo.

Todo eso me lo decía con un tono nada amistoso. Lo percibí más como si fuera yo su logro personal, su trofeo bien ganado. Y por supuesto, con la sábana por la cintura y la puerta abierta, haciéndome pasar frío, como era habitual.

Durante la larga hora que duró la limpieza ellos no paraban de hablar de sus cosas, cosas internas del hospital, como si yo no existiera. De vez en cuando, al menor quejido por el rascado, aprovechaba para darme algún cariñito:

—Francisco, si tú ya estás acostumbrado a cosas fuertes, te vas a quejar por una costra de nada.

En cuanto terminó la limpieza y marchó, Thiago, que había observado todo, me dijo en un tono constructivo:

—Francisco, tienes mucho que agradecerle a la doctora Periche. Fue ella quien descubrió tu carencia del factor 8, y eso te ha salvado la vida. Por la cara que pones cuando estás a su lado parece que no le tienes mucho cariño y creo que es bueno que sepas ese detalle.

Es justo darle mi agradecimiento a esta doctora, y justo describir la poca empatía que tuvo conmigo y con mi familia.

Habían pasado más o menos dos semanas de la operación y todo seguía plano, sin avances. No había la más mínima rutina que hacer. Mi debilidad era algo que me desconcertaba. Debía cambiar algo que me hiciera sentir persona y no un saco de patatas dependiente hasta para que me limpien el culo.

Un simple transistor, un libro, una revista, cualquier cosa que hiciera sentirme parte de algo hubiera ayudado, pero en ese estado no puedes hacer nada de eso. Sufría de zumbidos constantes en mis oídos, les llaman acúfenos o tinnitus, muy molestos, y también era incapaz de aguantar la mirada a nada que estuviera a menos de un metro, pues la vista se me nublaba.

Hasta a mis seres queridos les hacía apartarse una distancia prudencial para poder observarlos.

Son muchas horas y muchos días mirando el techo sin más que hacer que perseguir quimeras.

La imaginación es la única válvula de escape y los recuerdos, el único libro que leer. Pero eso no es sano. La cabeza necesita airearse, sentir cosas diferentes. Debía reaccionar, hacer algo. Habían pasado algunas semanas y parecía que a todo el mundo le parecía bien que estuviese vivo, que era lo que había que mantener. Pero mi cabeza, que hasta el momento era lo único presentable de mí, empezaba a enfermar de tanto conformismo. Deliraba con tanta imaginación, sufría con mis recuerdos y mi impaciencia solo hacía que alimentar la desesperación.

Probé otra vez con lo de comer:

—Tengo hambre, ¿por qué no me ponéis los antiguos batidos por la sonda del estómago?

Para mi sorpresa, se presentó una mañana Iñaki, el nutricionista.

—Vamos a probar a darte un batido por la sonda. Es muy importante que vaya muy despacio a ver cómo lo toleras —dijo portando los adminículos necesarios para proporcionarme el alimento.

Gracias, Iñaki. Gracias, Lorena.

Al saco de huesos que me estaba convirtiendo le sentó bien la primera prueba y empezaron a alimentarme, aunque con poca cantidad y pocas tomas.

Ahora necesitaba moverme de la tiránica cama. Pedí si era posible, aunque fuera un ratito, que me sentaran en una silla. La enfermera que recibió mi petición me miró como quien mira al niño osado y poco realista.

Se presentó la doctora Periche y me dijo que de silla nada. «Como mucho te incorporamos en la misma cama, que para eso está motorizada».

Ya ausente la doctora, unas cuantas enfermeras empezaron a trastear los sofisticados botones. Después de un buen rato de darle para arriba y para abajo consiguieron dejar la moderna cama con forma de gran butaca, con los pies sin tocar el suelo y con todo el tronco alzado, con el único apoyo de mi culo en la cama. Me entró un vértigo bestial que disimulé con la ayuda de mi estado, que era patético por sí solo. No se dieron cuenta de que era como un pelele de trapo, que en cualquier momento me podía caer de bruces contra la pared de enfrente.

—Francisco, hoy te dejaremos un cuarto de hora así —dijo la enfermera.

Os puedo asegurar que fue cabezonería pura. Fueron quince minutos larguísimos, nada disfrutados, siendo consciente de toda mi debilidad, aguantando el equilibrio y la osadía como pude. El mensaje lo había dado, quiero moverme, y era cuestión de tiempo que lo pudiera hacer dignamente.

Al día siguiente, me propusieron ponerme en la misma postura. Les dije que mi pierna izquierda no me obedecía, que no lo hicieran...¡¡Glubs!!...

A los pocos días vino una fisioterapeuta. Me trasteó la pierna y los dedos del pie y me dijo que seguramente era el nervio bloqueado de una mala postura en la operación, que vendría cada día a enseñarme ejercicios para activar la díscola extremidad. Me mandó deberes para todo el día y me aseguró que si era constante en los ejercicios, recuperaría pronto la movilidad.

Que me alimentaran, que me incorporaran en la cama y que se preocuparan de mi inoperante pierna me dio una inyección de moral tremenda. Quería aferrarme a la idea de que ya no era un interrogante tumbado en una cama, sino un enfermo por recuperar y, sobre todo, que podía recuperarme. Empezaban a pasar cosas y eso motiva, reta.

Por fin llegó lo que más anhelaba a corto plazo. Vino la doctora Periche acompañada de dos enfermeras y me comunicó que me trasladaban a la planta 16.

—Francisco, no sabes lo que nos vas a echar de menos, no te haces una idea —dijo la doctora.

Ordenó a las enfermeras que me pusieran una vía rara. La vía tenía un tubo de plástico del grosor de un pelo de unos treinta centímetros de largo que intentaron introducir por una vena de mi brazo derecho por encima del codo. No había manera, lo intentaron tres veces. Fue muy doloroso, aunque aguanté sin quejarme para no darle gusto a nadie, y por fin desistieron.

—Francisco, cómo te vas a acordar de nosotras cuando estés en planta —insistía la doctora.

Abandoné la UCI con una gran sonrisa en la cara, con mucha ilusión, aunque con muy pocas fuerzas y con el convencimiento que en cualquier sitio iba a estar mejor que allí.

Volvía a un sitio seguro y gemelo a mis anteriores ingresos. La planta 16 de cirugía maxilofacial es una planta mucho más tranquila que la 13 de otorrinos, con algunos médicos, enfermeras y auxiliares nuevos, pero la mayoría eran rostros reconocibles, sobre todo, la actitud hacia los enfermos. Las habitaciones y los espacios son idénticos a la planta 13, pero aún más soleada por su mayor altura. Los días de mucho viento podías intuir un pequeño vaivén de la estructura.

Volvía envuelto en vendas y mucho más débil, apenas pesaba 60 kilos. Me habían reconstruido la boca y el cuello por tercera vez. Habían participado, aparte de los otorrinos, el equipo de hemostasia de la doctora Pino y el equipo de cirugía plástica maxilofacial encabezados por el doctor Vinyals y la doctora López, aplicando una técnica más o menos novedosa, utilizando epiplón, un tejido membranoso de la parte de mi abdomen, e hicieron la vascularización de toda la zona. Tal como me adelantó la otorrino antes de la operación, tuvieron que extirparme zonas de mi boca, como parte de la glotis y de la lengua.

Y si todo este inmenso trabajo no funcionaba, se les agotaban los recursos y a mí las oportunidades.

Estábamos en el mes de diciembre a punto de despedir el año 2010 y dar la bienvenida al nuevo año. Salir de la UCI me trajo esperanza, pero los días pasaban y esa misma esperanza se iba deshinchando poco a poco. No solo mi cuerpo estaba agotado de tantas intervenciones y cambios. Pensé en retomar mis anotaciones en el diario para poder atisbar algo de mejoras en el tiempo.

Diario, domingo 19 de diciembre de 2010

21 días después de la última anotación.
Han pasado tantas cosas que ahora mismo no soy capaz de ponerlas en orden. Llevo sentado en una silla casi todo el día y estoy agotado. No sé cómo pasar el tiempo. Esto va a ser muy duro.

Después de dos meses frenéticos, me encontraba otra vez entre cuatro paredes. Nunca antes me había encontrado tan agotado.

Mi tiránico cuerpo estaba cansado, rajado, hinchado, siendo un lastre.

Así lo describí ese día en el diario:

Diario, domingo 19 de diciembre de 2010

Estoy esquelético, sin culo, con unos «bracillos» y, sobre todo, unas piernas que cuando ando me siento como un niño aprendiendo a caminar.
El cuerpo lo tengo todo moteado de unos granos pequeños y rojos, ya secos, que parecen ser provocados por los sangrados que he tenido. El cuello operado tres veces lo tengo hinchado, sobre todo el lado derecho. Tengo una raja nueva de unos 12x6 centímetros debajo del lado hinchado que meten una mano entera para limpiarla, y una fístula en el cuello, también en la parte derecha.
Me encuentro débil, sin fuerzas y anímicamente bastante tocado.

Volvían a cuidar de mí. Mi mujer se quedaba por las noches, mi padre le daba relevo sobre las nueve de la mañana después de la visita de los médicos, y mis cuñados Montse y Manuel lo relevaban a él hasta que volvía Chelo para cmpezar el ciclo. Visitas de mi hermano David cada noche y un constante goteo de familiares y amigos que me demostraron mucho cariño y apoyo.

Pero yo me derrumbaba. No encontraba fuerzas ni para andar los cinco pasos que separaban mi cama del baño. Y encima, cada vez que entraba al pequeño retrete, mis ojos miraban sin reconocer la imagen que reflejaba el espejo.

Hinchado, rajado, con la maldita traqueotomía, con una delgadez extrema, hasta mis ojos me estaban abandonando, perdiendo brillo y esperanza.

Otra vez estaba incapacitado hasta para asearme. Mi díscolo pie izquierdo aún no reaccionaba bien y con mis brazos era incapaz de tocarme la espalda. Tanto tiempo tumbado en la cama boca arriba, con los brazos en paralelo a mi cuerpo, se habían atrofiado los músculos y era incapaz hasta de rascarme lo que me quedaba de culo.

Me dejaban el último para ducharme cada día por el tema de la bacteria acinetobacter, y eso era cerca del mediodía. Mi mujer ya había marchado y las auxiliares de enfermería eran las encargadas de ducharme como a los niños pequeños en las duchas que compartíamos los ingresados. Yo, simplemente, me tapaba la traqueotomía y ellas con la esponja hacían lo que podían. No era agradable. Me escaqueaba más de un día del rutinario lavado.

Los días pasan y siempre son iguales. Solo a veces en vez de ser iguales eran peores.

Poco a poco fui cayendo en depresión. Casi siempre estaba de mal humor. Tenía tantas preguntas sin respuesta. ¿Podré volver a comer, a beber y a respirar de una forma natural? Mi cuerpo, sobre todo mi cara y pecho estaban muy deformados, con grandes heridas e hinchazones. Me decían que no recuperaría totalmente mi aspecto, pero que mi cuerpo absorbería casi completamente esa gran hinchazón lateral, y que, poco a poco, mis dos pectorales agarrados a mi cara irían suavizándose y mimetizándose en mí. Que tuviera paciencia.

De lo de comer y lo de respirar no decían nada. Cada vez que sacaba el tema recurrían a lo de siempre, que tenía que estar contento de mi situación y que había otras cosas de qué preocuparse.

Esa respuesta me generaba mucho estrés, mucha rabia.

Para mí el comer era innegociable. Debía de comer sí o sí como todos los demás. No alcanzaba a ver mi vida sin poder comer en un futuro por la boca, no podía imaginar mi vida comiendo simplemente para no morir. No quería renunciar por ningún motivo a unos de los placeres más básicos del ser humano. No era negociable, no lo podía asumir.

En nuestra sociedad la comida, aparte de ser esencial para vivir, es una manera de relacionarse, de divertirse, de compartir y convivir un rato al día o a la semana con tu gente. Tomarte una cerveza con un amigo, unas tapas en el bar del barrio, celebrar cumpleaños, fiestas de guardar o fiestas de desfasar. Por Dios, adoro los huevos fritos, el arroz con leche, el cocido, el pan, el queso, el vino, adoro el tomate frito, el risotto, los espaguetis, el buey y hasta el arroz hervido. Cómo voy a renunciar a pasar un vaso de agua por mi gaznate.

Hacía apenas tres semanas atrás, estaba motivado, con ganas de luchar y de vivir. Todos seguían estando en ese punto, deseando que no tuviera retrocesos, contentos de que estuviera vivo. Todos menos yo. Estaba cansado de luchar, no había avances en nada, mis heridas estaban igual, mi cuerpo débil y cansado, con las piernas como alambres y los brazos inoperantes, mi rostro deformado, sin respuesta médica. Estas semanas deberían haber servido para recuperar, para tomar aliento y marcar nuevas rutas, nuevas esperanzas, pero no pasaba nada. Las visitas médicas eran totalmente planas. Volvía en mi cabeza la locura de la dualidad. Solo se preocupan de mi inútil cuerpo, toda la atención va hacia esta masa de huesos que, por no hacer, no cierra ni las heridas. Mi mente se nubló.

No solo yo estaba agotado. Se me caía el alma ver a mi mujer venir por las tardes, con una cara de agotamiento que no podía disimular detrás de esa sonrisa que me dedicaba al entrar por la puerta, sabiendo que tenía que pasar una larga noche velando por mí, atenta a mis atascamientos de la tráqueo para ayudarme a limpiarla o para cualquier imprevisto.

O ver a mi padre, con 80 años a su espalda. Venía desde su casa en Sant Boi al hospital de Bellvitge en transporte público, ya sea en tren de cercanías o en autobús, cada día sin faltar ni un día. Llegaba sobre las nueve de la mañana para darle relevo a Chelo, se sentaba en una silla de esas plegables, se ponía la tele y ahí se quedaba dándome compañía hasta mediodía.

O mis cuñados Montse y Manuel, que venían a sustituir a mi padre. Ellos trabajaban y no vivían ni mucho menos cerca del hospital, Su esfuerzo y generosidad fue inmensa.

Ver todo eso me estaba hundiendo. Empecé a sentirme muy desgraciado. Mis familiares me lo estaban dando todo y yo ni mejoraba ni veía cómo podría hacerlo. Mi desesperación me hizo perder la cabeza.

No podía permitir que mi vida hipotecara la de otros. No podía aceptar ayuda el resto de mi vida, no me soportaría, no por mucho tiempo. Empecé a llorar como lloran los desesperados, los hundidos, los derrotados.

Mi cuerpo hacía mucho que no lo sentía mío. Era un parásito comodón sin la más mínima intención de mejorar y mi voluntad dijo basta. Me sentía tan vulnerable, tan frágil. Estaba incapacitado para cualquier sueño, para cualquier anhelo, para cualquier placer de la vida.

Después de todo, todo ha sido nada,
a pesar de que un día lo fue todo.
Después de nada, o después de todo
supe que todo no era más que nada.

Grito «¡Todo!», y el eco dice «¡Nada!».
Grito «¡Nada!», y el eco dice «¡Todo!».
Ahora sé que la nada lo era todo,
y todo era ceniza de la nada.

No queda nada de lo que fue nada.
(Era ilusión lo que creía todo
y que, en definitiva, era la nada.)

Qué más da que la nada fuera nada
si más nada será, después de todo,
después de tanto todo para nada

JOSE HIERRO. *Vida*

Mi mente enferma de impaciencia hacía confuso todo lo normal o habitual. Recuerdo cuando miraba por la ventana hacia la autovía, viendo el inagotable tránsito de vehículos todos los días, y a todas horas. Pensaba lo afortunados que eran todos ellos, libres, circulando hacia algún sitio, con sentido, acercándose a algún destino. Ya nunca voy a poder ser como los demás. Ni siquiera soy capaz de cuidarme a mí mismo y cuando pueda, no sé si voy a querer ser esa persona.

Intentaba no llorar delante de mis protectores. Perdí la cabeza, pero no para todo. Seguro que mi estado frágil disimulaba bastante mi depresión, aunque alguna vez se me hacía imposible.

...y nosotros debemos por desgracia morir...
desaparece ohh noche, ocúltense estrellas,
ocúltense estrellas, al alba venceré, venceré, venceré!!!

Parte de la letra del aria *Nessun Dorma* de PUCCINI

Mi hermano David venía a verme casi cada noche. Cuánto le hice sufrir. Muchas veces antes de dormir nos escribíamos por teléfono dándonos compañía mutua.

Los dos nos necesitamos. Una noche me mandó al correo la interpretación de este magnífico acto final de la ópera *Turandot*, interpretado por el famosísimo Pavarotti. Lo escuché como si la perfección fuese hecha melodía, como si tanta armonía no cupiese en mi ser, como si la belleza del mundo se me escapara, que ya no me pertenecía, porque no podría disfrutar de ella. Lloré y lloré.

Pensé en la muerte. Pensé en morir. No más de dos o tres minutos para morir, para cualquier situación que te provoque la muerte. Esa paz que sentí la primera vez que me rendí a ella, dejar de sufrir, ¿por qué no?, dejar de existir.

Algo debía pasar para darle la vuelta a esta agónica situación. Y pasó.

Todas las mañanas sobre las nueve venía el grupo de otorrinos. Siempre había algún facultativo que destacaba o comandaba el grupo. Era muy importante ese detalle porque si no venía el doctor Nogués, sabía que era un día plano y sin avances, sin propuestas. Y últimamente ni eso era garantía de nada.

Cuando lo veía entrar por la puerta enseguida me acomodaba bien en la cama y, con mi postura y mi actitud, siempre intentaba transmitir la mayor fuerza y optimismo posible. Esa era lo único que podía hacer. Transmitirle ganas de salir de allí, de superación, de arriesgar.

Pero esa mañana estaba destrozado, hundido, sin ganas de hacer nada, cansado, agotado y confuso.

El doctor Nogués me hizo un rápido chequeo y, mirándome a los ojos y dirigiéndose a su grupo, dijo:

—Este chico necesita ayuda psicológica.

Esa misma tarde vino una doctora. Se presentó como psiquiatra e hizo salir a los que estaban conmigo de la habitación. Se dirigió a mí en un tono nada conciliador, era más bien profesional y rígido. Hizo muchas preguntas y no rebatió ninguna de mis respuestas. No me invitó a pensar y a razonar. Yo lloraba, respondía y lloraba.

La visita de la doctora no duró más de una hora. Al poco tiempo vino una enfermera con nuevas pastillas.

Las machaqué, las introduje con la ayuda de la jeringa por mi sonda de alimentación y me estiré en la cama.

Supongo que dormí como un tronco. No sé, no me acuerdo de nada que me molestara o incomodara esa noche, ni siquiera la traqueotomía. Quizá estaba muy cansado, quizá llevaba mucho tiempo sin dormir lo necesario, quizá la nueva medicación me dio el respiro que necesitaba.

Al día siguiente tocaba ponerse otra vez la nueva medicación. Y la cosa no fue tan bien. Mi cuerpo un poco más descansado no me pedía tumbarme en la cama. Los dolores que normalmente tenía en el cuello fueron desapareciendo. Cuando me levanté de la silla parecía que flotaba, sin apenas esfuerzo andaba. Todo me parecía bien, a todos veía bien.

No sé qué medicina me dieron, pero curar no curaba. Era como si me hubiera fumado tres porros de marihuana con tres vasos de whisky, pero sin estar mareado. Era como si me hubiera vuelto feliz de golpe, como si mis problemas o males no fueran eso exactamente. Tenía un efecto parecido a la morfina que me daban después de las operaciones. Me sentí un lelo, un simple en pijama de hospital.

La verdad es que la primera hora con el pelotazo lo pasé bastante bien, pero enseguida fui consciente que eso no era solución. Entiendo perfectamente que este tipo de medicina sea válido para según qué estados. Incluso para mí fue útil dos días, un día para descansar y el otro para darme cuenta de que ese no era el camino.

Aceptar es el camino.

Me habían pasado muchas cosas, difíciles de vivir y difíciles de recordar. Mi cuerpo estaba agotado, había llegado a un punto donde nunca antes había estado. Me encontraba enfermo, muy castigado, pero quería vivir. Yo no elijo ni mi estado ni si es posible mi recuperación. Solo tengo que aceptar y creer, andar, marcarme objetivos sensatos, no querer que desaparezca la realidad sino cambiarla, poco a poco, día a día, aceptando mis cambios físicos y manejando mis incapacidades.

El día 28 de diciembre nació mi sobrina Carmen María, una criatura que traía felicidad a mi familia y motivación extra para querer salir de allí y poder abrazarla por primera vez.

Empecé a ser constante con los ejercicios del díscolo pie izquierdo, que seguía sin obedecer. Todas las tardes paseábamos Chelo y yo por la redonda planta 16 del hospital. A veces lo hacíamos los dos solos, a veces con mi hermano David, a veces con mi hijo Eric.

Esa caminata pasa por dos grandes ventanales que eran parada obligada para dar respiro a mi torpe y frágil manera de andar, aunque una vuelta completa no era más de un minuto para una persona normal. Desde el ventanal que estaba orientado al norte se veía el gran campo de béisbol que hicieron para los juegos olímpicos de Barcelona, hoy adaptado y transformado en campo de fútbol y donde todas las tardes al anochecer había una gran actividad de equipos entrenando. A la derecha se veían algunos grandes bloques de viviendas del barrio de Bellvitge, un enorme barrio obrero a las puertas de la gran ciudad que da nombre al hospital.

Y en el ventanal que estaba orientado al sur se veía el enorme y abarrotado parking privado de los trabajadores del centro sanitario y un gran scalextric de autopistas y de enlaces que partían de la gran autovía. Una vista muy fea. Eran tiempos de las primeras restricciones para fumar en los recintos hospitalarios y casi todo el mundo que fumaba, trabajadores del centro, familiares y hasta pacientes del hospital, hacían un recorrido de unos cien metros por el parking hacia el exterior, limitado por un pequeño muro y valla metálica. También había guardias de seguridad privada que persuadían a los fumadores de hacerlo cerca de la puerta de entrada, como había sido costumbre.

Qué frío pasaban esos peregrinos tabaqueros. Estábamos despidiendo el año y los días con sus noches eran fríos y húmedos. Siempre había gente en ese muro, mañana, tarde y noche. Un día, mucho antes de que se pusieran de moda los *foodtruck*, se me ocurrió comentar con mi hijo que sería un buen negocio anclar una pequeña caravana cerca del muro, que sirviera café caliente y unos buenos bocatas a todos esos consumidores de nicotina. No había paseo y parada en el ventanal que no comentáramos este tema. Era muy divertido divagar sobre ese negocio. La estrella sería nuestro famosísimo «Wanchu», un sándwich que hacemos en casa con mucho éxito entre nuestros familiares y amigos. Clientes no faltarían. Y pensar en futuro me ayudaba y entretenía mucho.

Fortalecí las piernas lo suficiente para ser más autónomo y moverme con más desenvoltura, por lo menos por la pequeña habitación.

Recuerdo el día que volví a reír. Reí después de mucho tiempo de no hacerlo y encima de una forma extraña. De mi garganta salía una risa casi muda y entrecortada, muy rara. La cirugía, mi paralizada lengua y mi única cuerda vocal que vibraba, cambiaron el sonido de mi risa, que personalmente me pareció muy cómica.

No sé por qué razón, una otorrino me estaba haciendo las curas ella directamente, cosa que normalmente hacían las enfermeras. Era 1 de enero del año 2011 por la mañana, sobre las nueve, y la doctora venía de una ajetreada guardia de fin de año.

Yo, sentado, me dejaba hacer. La doctora, mientras curaba mis heridas, iba explicando a la enfermera que había sido una noche de mucho trabajo, sobre todo por los accidentes de tráfico, algunos comas etílicos y las típicas peleas con partes del cuerpo abierto que se podían solucionar con unos cuantos puntos de sutura.

—La guinda —comentó la doctora— la ha puesto un señor que venía vestido de Mario Bros, con su bigote falso firmemente adherido con pegamento instantáneo, tipo Loctite, y que era incapaz de quitárselo por sí solo. Decía el avergonzado señor que era una urgencia porque mañana trabajaba y no se podía presentar con el bigote falso al trabajo.

Empecé a sonreír imaginándome a ese hombre vestido con su mono azul y su jersey rojo, sentado en urgencias la noche de fin de año, con su gran bigote castaño esperando las cuatro horas largas que estuvo sentado esperando ser atendido, según iba explicando la doctora. Cuando le llegó su turno, la médico, que iba acompañada de dos colegas más y con las caras de «aguanta la risa», le hizo las preguntas de rigor cómo: «¿A quién se le ocurre ponerse Loctite en el bigote?» o «¿En qué estabas pensando, con lo mayor que tú eres?»; vaya, un poquito de cachondeo...

El hombre solo decía que por favor le quitaran el mostacho, que tenía que trabajar mañana y si se presentaba así al trabajo iba a ser el cachondeo de toda la fábrica.

—Anda, siéntate en esa silla.

La doctora se puso los guantes de látex, cogió el bigote por un extremo, con la otra mano aguantó su cabeza, y antes de que pudiera entender el bigotudo que iba a dejar de serlo, le metió un contundente tirón que no solo se llevó el bigote, sino también parte de la fina piel que tenía debajo. El hombre metió un alarido entre dolor y sorpresa.

—Pero ¿qué pensabas que haríamos, meterte en quirófano?

Cuatro horas esperando para irse con un bigote de esparadrapo.

Alrededor de cien días sin reír y por fin lo hacía y con ganas.

No sé si fue la risa, pero esa noche descansé como hacía noches que no lo hacía. Aunque también recuerdo que desperté pronto, aún sin luz. Me asomé al gran ventanal a ver el tránsito de coches y allí de pie noté cómo algunos dolores no los sentía. Me encontraba bien, muy débil pero bien. El ánimo también cura.

Por fin pudimos volver a la rutina de que mi mujer fuera a dormir a casa, cosa que me aliviaba la conciencia. Por la habitación ya me movía relativamente bien. A la tráqueo empezaba a ignorarla, aprendí a llevarla con cierta normalidad o más bien resignación, siempre que fuera temporal, claro. Eso era bueno. O quizá lo que aprendí fue a perderle el miedo, a acostumbrarme a sus complicaciones.

El doctor Nogués empezó a preocuparse por mis heridas, sobre todo las del pecho y cuello, porque no cerraban, y eso era un riesgo grande. Lo ideal hubiera sido que aceptaran su petición de usar la cámara hiperbárica, un tratamiento muy utilizado para el síndrome de descompresión, para la desintoxicación por monóxido de carbono y para el incremento de la presión parcial del oxígeno en los tejidos, esto último era lo que yo necesitaba. Un tratamiento completo, con multitud de ventajas, muy solicitado. Sin duda ayudaría a que mis heridas abiertas recibieran un empuje extra para que cierren, entre otras grandes ventajas para mi débil cuerpo. El tratamiento lo daban en un hospital cercano y lo habían negado porque era portador de la bacteria acinetobacter. Portar esta bacteria me había beneficiado de tener una habitación para mí solo, pero ahora se convertía en un gran obstáculo.

Mi hermano David, consciente de lo importante de este tratamiento para mi recuperación, hizo lo posible y lo imposible para que me aceptaran en el tratamiento.

Escribió cartas, se reunió varias veces con el máximo responsable de este complejo artilugio en el hospital Moisès Broggi de Sant Joan Despí, explicando por donde había pasado, lo importante que era para mi recuperación. Intentó hasta traerse una de Canarias después de tantas negativas. Todo lo que pudo, pero no hubo manera.

La cámara hiperbárica que hay disponible en Barcelona es un espacio cilíndrico cerrado, de unos 9 metros de largo, con una capacidad para unas 18 personas sentadas en dos filas de nueve asientos cada una. Recuerda mucho a una cabina de avión militar por tamaño y al estar los asientos unos enfrente de otros. Aparte de estar muy solicitada para infinidad de tratamientos a personas de toda España, es un seguro de vida para buzos que sufren descompresión, o para bomberos o personas que sufren intoxicación por monóxido de carbono. O sea, que darme tratamiento a mí solo se hacía imposible y por la maldita acinetobacter no me podía dar tratamiento en la cabina con otros pacientes.

El doctor Nogués me propuso marcharme a casa.

—Francisco, es muy importante quitarte la bacteria de tu cuerpo y aquí en el hospital no se va a ir. Seguro que en casa, los nuevos aires ayudarán a que la inoportuna acinetobacter se vaya.

Con el doctor Nogués las cosas pasan, avanzan. Fue una propuesta que sorprendió a todos y a mí el primero.

Mi estado era patético. Apenas podía andar, con curas diarias por personal cualificado, con la necesidad de aspirarme el traqueostoma con una máquina. Vaya, parecía una locura. Era lo que había deseado durante mucho tiempo, pero ahora afrontar la realidad me daba un vértigo grandioso.

Si todo iba bien no habría problema porque todos ganaríamos en bienestar, pero la responsabilidad que le caía a mi mujer era muy grande. Yo era un enfermo con muchas complicaciones y debilidades y de golpe se quedaba ella de única veladora de todo ello.

Nogués lo tenía todo en marcha. Ya había tramitado la entrega de una máquina de aspiración transportable a mi domicilio, y entrega por envío urgente de un montón de alimentación, acompañado de un informe detallado de mi estado para que el ambulatorio más cercano a mi domicilio me mandara servicio de enfermería para que cada día me hiciera las curas de las heridas abiertas en mi pecho y cuello.

No estaba preparado para irme a casa. Era lo que más deseaba, pero no me sentía capacitado. Había soñado con ese momento, pero no lo había visualizado bien. No estaba en mis planes irme a casa con heridas abiertas que exigían manos expertas para limpiarlas y materiales nada comunes como el nitrato de plata en forma de papel y en tubo, tiritas de sutura, antisépticos, apósitos de silicona, jeringas de todos los tamaños, espray, máquina de aspiración, pomadas con acción antibiótica, gasas para envolver una momia, etc...

El día de marchar a casa llegó y había que afrontarlo.

Mi mujer iba delante con su coche cargando con todos los trastos acumulados en mi estancia, y a mi padre y a mí nos llevaron hacia Sant Boi en una ambulancia o, mejor dicho, en una furgoneta de esas médicas, con un asiento largo de eskay en la parte trasera, donde mi padre y yo nos acomodamos. Necesité ayuda hasta para subir al transporte, y cuando se puso en marcha, tuve muchas dificultades para mantener mi cuerpo sentado en una postura decente. En cualquier curva o bache del vehículo me convertía en un trapo azotado por un huracán.

No esperaba que me emocionara tanto. Durante el trayecto iba preguntando a mi padre por dónde íbamos circulando, ya que la furgoneta tenía los cristales parcialmente opacos y no podía mover mucho el cuello para mirar. Él por encima veía y me iba explicando el trayecto. Tal como iba narrando mi octogenario padre, el vehículo entró a Sant Boi por la entrada de El Oasis, pasado el río Llobregat. Siguió por la carretera dirección a Sant Viçens dels Horts, giró en la rotonda hacia calle Dr. Antoni Pujades, fue a buscar la calle Pablo Picasso y giró en la calle Antoni Gaudí.

De esta última calle a casa solo faltaban unos minutos. Hice el esfuerzo de asomarme al barrio Marianao donde los últimos diez años había vivido, aunque yo siempre seré hijo del barrio de La Cope. La calle que dio nombre el genial arquitecto es una calle muy comercial de Sant Boi. Todos los comercios estaban abiertos y, de repente, mis ojos se nublaron emocionados, llorosos de reconocer que, en el fondo de mi corazón, nunca pensé en volver a ver el barrio, mi casa.

Ya estaba de pie en mi plaza Mercé Rodoreda, entré al portal de la escalera, subí en el ascensor y, por fin, abrí la puerta de casa. Pensé que debía merecer ese momento, pero no lo sentía. Aún no. Había muchas cosas que ordenar en mi cabeza y muchas que recuperar en mi cuerpo. No había victoria en mi regreso, solo esperanza.

El ambicioso fin de mi precipitado regreso es darle la vuelta a la situación. Tengo que aprender a ser más paciente, perder el vértigo que siento en el estómago. Todo el mundo me dice que cada día me ve mejor pero no lo veo, no lo creo. Y pienso que es porque tenemos diferentes perspectivas de la situación. Estoy esquelético, sin fuerzas, con muchas heridas que van para meses, con la cánula puesta, sin poder comer por la boca, cosa que me tiene obsesionado y no veo luz al otro lado de ese túnel. Los demás simplemente me ven vivo, que he sobrevivido, están en mi vida un rato, en su amable visita.

Me siento en el sofá y tomo un respiro. Tengo que ser más paciente, me digo a mí mismo. Avances hay, sigo diciéndome. Enseguida los dolores de cuello, mi lengua inoperante, mi boca ácida y un ligero dolor de cabeza me amargan el momento. Ya mismo me tengo que enchufar la alimentación que me sienta fatal y los nervios y el mal humor empiezan a dominar mi carácter.

Viene Chelo con la bolsa de la papilla enlatada con una sonrisa en sus labios. La cuelga no sin esfuerzo en la alcayata que ha dejado libre el cuadro del comedor y me conecta el tubo a la sonda. Regula el flujo del goteo y me sonríe otra vez. Me avergüenzo de mi mala leche, de mi lloriqueo interno, de la queja constante a mí mismo. Avances hay, son reales, estoy fuera del hospital, sentado en el sofá de casa y no en esa triste habitación de hospital. Tengo que centrarme y esforzarme en ser optimista. De qué sirve lo contrario. No ayuda en nada ser negativo.

Me doy cuenta de que a mi desactualizado diario lo tengo más que abandonado. La última anotación que hice fue el 19 de diciembre y apenas escribí unas líneas. Tengo ganas de escribir, de dejar constancia por escrito cómo me siento 22 días después de la última anotación. Aunque la cabeza está a punto de estallarme tengo que esforzarme en describir mi estado. Es la única manera fiable de saber que las cosas van cambiando. Va a ser muy útil para el futuro, porque futuro quiero tener.

Después de describir heridas abiertas y dolores varios, con la moral un poco tocada, anoto en el diario:

10 de enero del 2011

... ahora mismo, escribiendo estas líneas, mi Chelo del alma me está poniendo la cena.

La he mirado a los ojos y ya he encontrado otra vez la luz.

Prometo que, a partir de este mismo momento, voy a conformarme con la situación actual y a luchar a muerte como está haciendo ella por mí.

La quiero con locura.

Quiero escribir cada día a partir de ahora. Hasta mañana.

Y así lo hice. Escribí ininterrumpidamente desde el 10 de enero hasta el 21 del mismo mes, describiendo sensaciones y estado de ánimo, dolores y quejas, dejando constancia del trajín del día a día, para poder mirar con perspectiva mi presente.

Diario, martes 11 de enero de 2011

Mi primera noche en casa. No ha sido la mejor noche, pero bueno, la he pasado normal...

... A ver si tenemos suerte y Chelo pasa bien el tribunal médico que tiene hoy para que pueda seguir cuidándome. Como tenía que marchar al mediodía, ha venido mi padre con Paquita para cuidarme. No puedo hablar, ni conducir, ni siquiera andar mucho rato. Chelo ha escrito en letra grande la dirección de casa, que es un trabalenguas para mi padre, el número de teléfono de la ambulancia, el número de teléfono de Manuel, mi cuñado, que hoy no trabaja, y le ha recordado que David está cerca de nosotros.

Joder.

... Ya ha vuelto Chelo, y parece que no ha ido mal. Habrá que esperar hasta el día 20 para ver si puede seguir de baja.

... Paso todo el día viendo recetas de cocina. En algo tengo que pasar el tiempo. Puede parecer masoquismo, pero es que estoy deseando poder comer por la boca y no me apetece mirar otras cosas. Un poco las noticias, un poco el fútbol y un poco jugar a cartas y al dominó por Internet, pero siempre vuelvo a las recetas...

Diario, miércoles 12 de enero de 2011

Esta noche he dormido bastante menos, y casi la liamos.

Teníamos visita a las 10:00 en el hospital de Bellvitge para un análisis con los de hemostasia y a las 13:30 con los otorrinos; vaya una mañana ocupada.

Chelo me ha despertado a las 8:30 y me he levantado relativamente bien, pero ha sido ponerme el desayuno y, zas, una flojedad que he tenido que tumbarme otra vez en la cama...

... Al final hemos llegado a hemostasia a la una y pico, y Conchita ha podido hacerme el análisis. Qué bien pincha Conchita, la mejor con diferencia. Con los otorrinos ha ido bastante bien. Me han visto las heridas bastante mejor y los he visto a todos muy optimistas...

Por los largos pasillos hemos tropezado con Albert y Pepi, nuestra pareja preferida para las tertulias en la sala de espera de radioterapia de hace más o menos un año. Están estupendos. Nos ha hecho mucha ilusión verlos a los dos tan bien. Me alegro un montón por Albert, porque cuando lo vi la última vez estaba bastante jodido de aspecto. Le habían operado la parte derecha del cuello y le habían dejado el ojo y la cara de ese lado deformada. Ahora lo tenía casi recuperado.

Él también tuvo que llevar la cánula, aunque ya se había librado de ella. Se han quedado bastante sorprendidos y chafados por mi aspecto y por todo lo que me ha pasado después del tratamiento de radioterapia.

Aparte de la alegría de ver a Pepi y Albert, me sorprende lo que he resistido andando... El propósito es que mañana bajemos un rato a pasear con el Popi. Ojalá lo hagamos, pero por hoy ya está bien de paseos.

El dolor de la parte derecha persiste. Los calmantes hacen su trabajo, pero dura menos de lo deseado. El cuello lo tengo muy rígido y no puedo poner la cabeza recta. Me quiero agarrar a cosas buenas, pero siempre duelen las mismas. Quizá mañana leer este diario me sirva de revulsivo.

Lo de ver recetas de cocina es una obsesión confesa. No paro de pensar en ello. Pero no parar es totalmente real.

Un día me da por leer sobre compotas de mermelada para hacer en casa, otro de cómo hacer un buen fumet, incluso tuneo las recetas a mi gusto y las hago mías. Es una obsesión total. Me preparo para algo que quizá no pueda hacer jamás, pero quiero ser optimista.

Puede que solo necesite tiempo. Puede que con el paso de los días todo vaya cambiando. Quiero y deseo que sea así. Lo peor es el dolor de la parte

derecha, la rigidez del cuello, y lo que se va a dilatar el poder comer por boca, por lo menos las pruebas de deglución y, sobre todo, la puta cánula que creo va estar conmigo mucho tiempo...
Hasta mañana.

Diario, jueves 13 de enero de 2011

Hay sangre en la mucosidad que sale de la cánula y Chelo está preocupada.
Ha llamado a los de hemostasia y le han dicho que el análisis de ayer está bien. Estoy al 50%, que no está nada mal, pero lo más importante de este dato es que el nivel de factor 8 ha subido desde el último análisis y sin ponerme factor extra.
Ella sigue preocupada, ya no solo por la saliva sanguinolenta sino también porque no me ve bien. Y es que bien no estoy nunca.
Lo de la comida empieza a ser un engorro porque la tengo que pasar muy despacio y se me juntan una toma con otra, cosa que no tolera mi cuerpo.
Pienso en quitarme la toma de las cuatro y seguir cogiendo peso o por lo menos me mantenga. Ya veremos. Quiero evitar las visitas a la nutricionista porque siempre nos hacen esperar mucho y los asientos son insufribles. Puede parecer una memez lo de los asientos, pero estoy muy delgado y el hueso del culo que se ha quedado sin pro-

tección se clava en los asientos como si tuviera un hierro en la baja espalda. Cuando no hay más remedio que terminar en su consulta, tengo la costumbre de ponerme mis zapatos negros de la suerte, que aparte de darme seguridad, pesan como el plomo y ayudan a dar buenos números cuando me pesan en la báscula.

... Sigo viendo recetas por Internet. Cortar cebolla a la brunoise o en juliana, un poco de sal y pimienta para que sude, el fuego suave, que transparente sin coger mucho color. Por Dios, qué obsesión.

Estoy desesperado por saber si podré comer por la boca. No creo que me estén ocultando algún problema para conseguirlo.

Diario, viernes 14 de enero de 2011

Hemos salido a dar una vuelta por la plaza. Lo ideal es que lo hiciéramos aprovechando el tibio sol de enero, pero siempre salimos sobre las siete de la tarde. La humedad y la oscuridad acompañan nuestro corto paseo, sin alejarnos mucho de nuestro portal. El paso es muy lento e inseguro, pero voy orgulloso de hacer algo que pronto me recompensará, que no muy tarde veré y sentiré avances y fortaleza en mis inseguras piernas. Debería de hacerlo todos los días.

Chelo sigue durmiendo en el sofá, y ya le va haciendo mella el cansancio.
Espero que pronto nos adaptemos a la casa los dos, porque deseo que esta vez la estancia sea muy larga. Vamos cogiendo rutinas y horarios poco a poco, aunque a Chelo le faltan horas para hacer cosas. Hoy ha llamado a mi padre para que viniera por la mañana y se ha podido escapar a comprar, porque estábamos a mínimos en casa.

Diario, sábado 15 de enero de 2011

Hoy hemos dormido poco. Chelo duerme en el sofá, que le está castigando todo el cuerpo. Se ha venido a la cama a media noche buscando descanso y se ha encontrado toda la cama mojada. Sin darme cuenta, el tapón de la sonda del estómago se había abierto y todo el líquido de mi estómago había empapado sábanas y colchón. Total, que después de limpiar y protegerme de la humedad se ha tenido que volver al sofá. Por la tarde hemos salido a dar una vuelta por la plaza con el Popi y he ido un poco justo de fuerzas, sobre todo porque se me cargan mucho las cervicales.
Bueno, estoy escribiendo todo esto y, a pesar de todo, tengo la sensación de que ha sido el día más tranquilo que hemos pasado desde que estoy en casa.

Diario, domingo 16 de enero de 2011

Hoy he dormido hasta las tres y no he podido seguir en la cama. De pie en medio de la cocina, de madrugada, meneando la cuchara intentando desintegrar las bolitas de ibuprofeno en el vaso de agua, despejado y bien despierto, he sentido mis piernas y mi alma más fuertes, he sentido que mi recuperación va a ser un hecho. No lo había sentido desde que la psiquiatra me hizo descansar a base de pastillas hace un tiempo. Es maravilloso sentirse bien. Vuelvo a la cama y concilio feliz el sueño.
Me he levantado a las 9:30 para tomar el desayuno y es cuando viene toda la flojedad. Ahora mismo son las 16:45 y me encuentro muy débil. Los dolores de la parte derecha son constantes.

Diario, lunes 17 de enero de 2011

He escuchado a Eric levantarse para ir a clase. Madruga cada día porque tiene más o menos dos horas hasta llegar a Barcelona. Eran las 6:30 y no tengo ni pizca de sueño. He decidido ponerme el desayuno, que siempre me deja KO. A ver si hoy también me da sueño y descanso un poco más.
Como era lo previsto, he dormido hasta las 12:30 y ya me he duchado.

Los dolores de la parte derecha persisten y la fístula sigue sin cerrar. Esto va muy lento.

Hoy estoy un poco depre.

Ya por la tarde, cuando vuelve mi hijo se me acerca para darme compañía y buscar complicidad conmigo. Con mucho esfuerzo y poca locuacidad por mi parte, apenas compartimos unas palabras. Mi incapacidad de hablar y de hacerme entender me hace sentirme un incapaz, y eso me disgusta y me mina.

Eric está en una etapa donde yo le podría ayudar mucho. Me siento fatal al no poder a hacerlo. Noto que me necesita, que me busca para que le dé consejo. Es una situación muy angustiosa. Mi hijo necesita de mí y no puedo ayudarle.

Han vuelto los miedos. Temo en faltarles para siempre. Noto que me reclama. Tenemos que hacer muchas cosas juntos y no sería justo que después de todo lo que hemos pasando se nos negara.

Diario, viernes 21 de enero de 2011

El miércoles fue un día completo. Parece que la fortuna o lo que sea no quiere que estemos tranquilos.

Nos fuimos en ambulancia al hospital, ya que otra vez estaba hecho un trapo, incapaz de tirar de mi delgaducho cuerpo. Teníamos dos visitas programadas. La primera era con los de hemostasia, en el edificio principal del hospital de Bellvitge. Está en la planta baja, detrás de los ascensores, al final de un largo y estrecho pasillo. Allí, muy al fondo, está la recepción de la mayoría de los análisis de sangre que se hacen en el gran hospital, el despacho de la doctora Pina y el pequeño dispensario donde, en una cómoda silla propia de extracción de sangre, pincha Conchita, la enfermera que mejor pincha venas en la provincia de Barcelona, lo sé por experiencia. Después de sacarme unas muestras de sangre, la doctora se mostró muy optimista con la evolución que estaba teniendo, ya que los niveles de factor 8 habían subido hasta el 50% (partía de 42%) y se planteaban bajarme la medicación de cortisona, que es un fármaco que me tiene flojeras. La segunda visita era en consultas externas con los otorrinos. Chelo me llevó con tremendo esfuerzo desde el hospital hasta consultas externas en una silla de ruedas pesada y antigua por un atajo que nos enseñó un celador. La visita era de control rutinario y para informarles sobre los resultados de hemostasia, pero yo tenía un par de problemas de propina. Estaba esputando con asiduidad mocos con sangre y la sonda de alimentación se había metido toda para adentro y aunque estirara y la sacara, volvía hasta un tope que tiene en Y. Era una sensación asquerosa que me daba repelús. La sonda de unos 20 centímetros se introducía hasta el tope, abducida por mi estómago.

Los otorrinos nos atendieron rápido. A lo de la sangre no le dieron mucha importancia, pensando que vendría del roce de la cánula que suele hacer herida, y lo de la sonda, que había que mirarlo. Como no había donde atender lo de la sonda me enviaron con un celador a urgencias para que me examinara el otorrino de turno.

Después de un buen rato de espera nos atendió un médico del equipo del doctor Nogués, Michelle, un otorrino abobado (con perdón), joven, sin experiencia y más lento que un camaleón. Nos marchamos casi a las cinco para casa con una pegatina que aguantaba la sonda, una chapuza vaya, y sin una conclusión clara de por qué en mi saliva y mucosidad había sangre.

El jueves fue un día muy importante ya que a Chelo le alargaron la baja en el tribunal médico. Una gran noticia que, en el caso de que no fuera así nos hubiera complicado mucho las cosas. Por lo demás, un día tranquilo, sangrando por la boca y cánula, pero en general tranquilo. Lo malo fue que nos llamaron los de hemostasia para decirnos que los niveles de factor 8 habían bajado otra vez al 42% y que la cortisona me la tenía que doblar.

El baile ha venido de madrugada. Me he despertado a las dos con dolor en la parte derecha y antes de ir a la cocina a por el ibuprofeno pasé por el baño a limpiarme la cánula. De repente, sin esperármelo, las piernas empezaron a temblarme, no aguantaban mi peso y sentí que me iba a desplomar, a perder el control sobre mí. Desesperado e incapacitado para gritar o pedir ayuda, empecé a dar palmadas como pude, apoyando los codos en el lavabo para mantener la verticalidad con la esperanza de despertar a Chelo. Me desmayé en sus brazos. Milagrosamente, Chelo escuchó mis palmadas y rauda se dirigió hacia el baño, porque tal como lo recuerdo, desde que empecé a dar palmas y el desvanecimiento no creo que pasaran más de 8 o 10 segundos.
Desperté en el suelo, encima de Chelo que, desesperada, no podía pedir auxilio sin soltarme. Notó que había recuperado la conciencia y, después de dejarme apoyado en la puerta del baño, fue por el teléfono para pedir ayuda al 112. Vino una ambulancia a recogerme y a llevarme de urgencias al hospital de Bellvitge, Allí vino un médico de medicina general que me hizo un repaso como si tuviera tos y me mando otra vez para casa.

—Te ha dado un síncope, Francisco. Estás débil y debes levantarte con prudencia de la cama.

Yo me encontraba estable, como siempre, muy flojo pero estable. La ambulancia nos traía de vuelta sobre las cinco de la mañana. En el portal de casa nos preguntaron si quería que nos acompañaran hasta arriba, pero yo me encontraba bien y les dije que no. Hacía mucho frío, cosa que también ayuda a sentirse más despierto y activo. Entramos al portal de casa, montamos en el ascensor y cuando se puso en movimiento, sin previo aviso me desplomé sin sentido. Esta vez fue diferente. No hubo tiempo ni de avisar, ni de agacharme. Fue como si me desconectaran. Cuando desperté me encontré en el suelo del ascensor, con las puertas chocando en mis piernas, intentando cerrarse. Escuchaba a Chelo muy angustiada, ya dentro de casa, hablando por teléfono pidiendo una ambulancia. Con la conciencia recuperada, ya despierto, con un fuerte dolor en la parte derecha, tirado en el ascensor y con unas ganas de meterme en la cama tremendas le grité varias veces a Chelo que no pidiera la ambulancia. Lo que necesitaba era salir del ascensor y meterme en la cama. No estaba dispuesto a volver al hospital, a pasar por lo mismo que había pasado apenas unas horas.

Eso le angustió más a Chelo. No entendió mi decisión, pero la aceptó. Como pude, arrastrándome por el pasillo como una culebra los doce metros que me distanciaban de mi objetivo, me metí en la cama. En ese momento solo necesitaba un calmante y cerrar los ojos para descansar. A regañadientes, Chelo aceptó; ella se encontraba también muy cansada, pero como siempre a mi lado, mi ángel salvador. Ya no sé las veces que la he llevado al límite.

Después de estos días tan ajetreados, este viernes está siendo un día muy cansado. Hemos ido otra vez a los otorrinos y tampoco nos han solucionado gran cosa. Me han trasteado el oído derecho, me han cambiado la cánula por una igual, de plástico, lo del sangrado no ha quedado muy aclarado y los síncopes vasovagales lo achacan a la medicación.

Yo me encuentro muy débil, con mucho miedo a desmayarme si me pongo de pie, porque la primera vez que me dio me acababa de levantar de la cama y tenía dolor, pero la segunda vino en un plisplás sin tiempo a reaccionar.

Nos tenemos que preparar algunas cosas para pasar la noche. Tendremos que traer agua y un ibuprofeno a la mesita y poner una garrafa para que pueda orinar y así no ir solo a ningún sitio. A ver cómo nos va. Chelo no ha descansado nada. A ver si tenemos buena noche y un buen fin de semana.

Los dos desmayos precipitaron un cambio importante en mi actitud. La vida de hospital es pesada y embota a la mente más despierta, apelmaza los instintos, ya que en todo momento tienes al alcance la asistencia profesional garantizada. Las pautas o la conducta dentro del centro las marcan otros, las atenciones son responsabilidad de otros, los problemas los solucionan otros. En casa la cosa cambia y mucho. Entré en modo de prevención.

No quería volver al hospital bajo ningún concepto, no por lo largo que se me hizo, sino porque mi futuro, fuera el que fuera, pasaba por defenderme por mí mismo.

Así que, si iba a tener problemas secundarios o a desmayarme alguna vez más, tendría que estar preparado.

A partir de ese momento procuraba no moverme solo, siempre a la vista de quien estuviera en casa y desplazándome con la ayuda de una silla de escritorio, de esas con ruedas, que llevaba por toda la casa arrastrándola o sentado en ella impulsado con los pies, como un oficinista travieso. Era un poco cómico verme desplazarme de esa manera.

Dejé de escribir en mi diario. No sé la razón exacta, pero diría que ya estaba empezando a conformarme con mi situación, a aceptar a la persona que empezaba a ser y porque toda la energía debía de ir a conservar avances y no a cosechar ningún paso atrás, ni siquiera mirar en esa dirección.

Seguíamos con visitas constantes a Bellvitge y al oncológico y conseguimos una silla de ruedas que nos facilitó una buena amiga, que usábamos para los desplazamientos por dentro de los hospitales.

Pocos días después, desperté a medianoche con la boca muy seca. Tuve la necesidad de refrescar mi seco paladar y de aliviar la vejiga. Me senté en el borde de la cama haciendo una pausa antes de incorporarme. Chelo dormía profundamente. Chequeé mis fuerzas y me di el ok a mí mismo sin la menor duda.

Anduve tranquilo, sin esfuerzo hacia nuestro lavabo, me lavé las manos e hidraté mi boca. Todo correcto, sin problemas. Me di la vuelta y me dirigí de nuevo hacia la cama.

Abrí los ojos. No sabía dónde estaba. Me encontraba aturdido, pero me encontraba gusto. Mi cara en el frío suelo no era una molestia, era más bien aliviador sentir su frescor. Tardé un rato en darme cuenta de que me encontraba en el suelo. Me incorporé sin esfuerzo, intentando entender cómo había aparecido derrumbado en el suelo a mitad de camino entre el cuarto de baño y mi cama.

Había un charco de sangre en el suelo, donde había estado mi cabeza un instante antes. Enseguida entendí que me había vuelto a desmayar, esta vez de una manera aún más impredecible.

La esquina del armario pudo ser el causante de la brecha que tenía en la parte izquierda de mi cráneo, o quizá el mismo golpe contra el suelo había abierto la herida. Fui al espejo y comprobé que no salía sangre si mantenía la cabeza inclinada hacia la derecha. De repente, me empezó a preocupar mucho más lo que pasaría a partir de ese instante que lo que había pasado.

Tengo que despertar a Chelo que duerme profundamente. Cuando vea el charco de sangre se va a acojonar nuevamente. Mientras me pide explicaciones y me recrimina el haberme levantado de la cama con nocturnidad y sin vigilancia, seguro que despierta a mi hijo para que llame al 112 pidiendo ayuda mientras ella se preocupa de mi herida en la cabeza, me acomoda en un sitio seguro, limpia el charco de sangre y todo eso con un estrés que quita años de vida. Ambulancia, urgencias...

Así que cogí papel absorbente, el cubo y la fregona de la cocina, limpié el charco de sangre a conciencia, y me acosté en la cama con la cabeza girada hacia la derecha comprobando que la sangre no brotaba de la herida abierta. Mañana será otro día. Me quedé dormido.

Por suerte todo salió bien.

Es sorprendente lo poco que me alteraba ver mi propia sangre fuera de mi cuerpo.

Unas horas más tarde, las suficientes, más descansados, Chelo descubrió algunas gasas manchadas de rojo, encima de mi mesita de noche.

—¡¡Pero qué ha pasado!! ¡¡Pero si tienes sangre en la cabeza...!!

—No te preocupes, estoy bien... ahora te explico.

La herida en la cabeza no era ni profunda ni muy grande.

No quería ir al hospital. No quería pasar por mil pruebas, no quería sentir su olor, su desorden.

Llamamos a Lola, que nos invitó a ir a su casa. Después de chequearme, desinfectar la herida y ver que estaba todo bien, me cosió la herida con cuatro puntos y marchamos para casa.

Apenas había transcurrido un mes desde mi salida del hospital y aunque habían pasado muchísimas cosas, ninguna de ellas había sido de gravedad, nada que se parezca al carrusel que había vivido el año pasado, sobre todo desde el mes de octubre hasta diciembre.

A finales de enero tuve un ingreso hospitalario, de pocos días, relacionado con los desmayos. Me dijeron que había sufrido sangrado digestivo, que tenía anemia y durante unos días estuvieron chutándome unas bolsas de sangre. Nada grave o urgente.

Por fin un mes completo sin que me reclamara la Parca.

El injerto en la boca había agarrado bien y en todas las visitas que hacía con los otorrinos, se asomaban a mi boca los jóvenes médicos, comprobando el gran trabajo que habían hecho los más veteranos. A veces eran tantos que me sentía como un mono de feria, pero un mono muy agradecido.

Nos fuimos acomodando en casa todos. Empezamos los tres a coger hábitos normales de convivencia. Estábamos alerta, pero valorando positivamente mi situación. Hasta el espejo empezaba a ser amable conmigo y devolvía una imagen que estaba aprendiendo a aceptar.

A casa venían cada día dos enfermeras del ambulatorio de nuestro barrio a curar mis heridas... Siempre fueron muy atentas y muy amables conmigo, aunque ser amigo de Gemma, una buena amiga que trabaja con ellas, seguro que ayudó a comprometerse un poquito más, solo un poquito más. Hicieron un gran trabajo conmigo. Me parecía improbable que ese tajo abierto en mi castigado y modificado pecho cerrara sin darle un buen cosido. Me dijeron que, poco a poco, mi cuerpo lo iría cerrando. En esa herida metían la mano entera, ponían unos papeles parecido a la plata, desinfectaban, cambiaban vendas de la fístula del cuello y me comprobaban pulso y tensión. A veces venía con ellas el doctor Fuste, nuestro médico de familia, quien siempre tuvo una gran empatía con nosotros.

Los días pasaban sin grandes sobresaltos.

Tenía muchas cosas por las que cualquiera se preocuparía. Dolores, heridas, flaqueza, falta de energía y movilidad, deformación, incomunicación, una cantidad importante de fármacos, dependencia.

A mí, lo que me preocupaba y obsesionaba verdaderamente era la traqueotomía y la posibilidad en un futuro de poder comer por la boca. Nada más y nada menos.

Respirar por ese tubo era sin duda lo peor que tenía que soportar. Aunque estaba más habituado, la esperanza de que no fuera algo que tenía que llevar el resto de mi vida era algo vital para mi salud mental. Y comer por la boca alimentos, eso ya era la hostia. Cómo imaginarme el resto de mi vida sin comerme un trozo de queso. Era inimaginable. Qué sería de mi vida social, de mi vida en mayúsculas. Temía que el «ya veremos, Francisco» se convirtiera en «temíamos en decírtelo».

Preguntaba por la posibilidad de hacer pruebas de deglución pese a la fístula que tenía e imposibilitaba tal acción, solo para escrutar las respuestas y la cara que ponían al decirme «Francisco, ahora no es momento de preocuparse de eso, hay otras cosas que arreglar antes».

Yo iba a lo mío. Me prometí hacerle un buen risotto a mi mujer el día que pudiera comer dicho manjar, y comerme un huevo frito con morcilla y chorizo con mi padre y con mi hermano todos los viernes a partir de ese día tan deseado por mí.

Entonces, por qué no imaginar cómo haría ese risotto.

Se llamará *Risotto rojo con pechuga, boletus, y aromas ibéricos*. Y tenía muy claro cómo lo haría:

Para 3 personas:

300 g de arroz arborio.

75 g de mantequilla.

1 puerro cortado muy fino.

200 g de boletus laminados secos.

750 ml de agua.

2 cucharadas de tomate concentrado.

1 pechuga sin piel cortada a dados o trozos pequeños.

4 lonchas de panceta ibérica, cortada en trozos pequeños.

1 vaso de buen vino blanco.

100 g + 50 g de queso parmesano picado.

500 ml. de caldo de pollo o de verdura.

Sal y pimienta.

Tiempo de cocción desde que incorporamos el primer líquido caliente: 20-22 minutos.

En una olla pequeña ponemos 750 ml de agua a calentar y cuando hierva apartamos del fuego e infusionamos en ella los boletus secos unos 20 minutos con la olla tapada.

En una cacerola grande pero no muy alta, donde haremos el risotto, ponemos la mantequilla y cuando se funda echamos el puerro, salpimentamos y lo hacemos a fuego suave para que no coja color hasta que esté bien pochado.

Añadidos la panceta y la pechuga ya cortada y doramos.

Colamos la infusión de boletus reservando el caldo e incorporamos las setas hidratadas a la cacerola grande. Cuando esté todo bien rehogado añadimos el tomate y sofreímos hasta que esté todo bien integrado.

Añadimos el arroz, que iremos moviendo y volteando, integrándolo con una cuchara de palo para no romper el grano. Cuando el grano empieza a quejarse, que será en dos o tres minutos, añadimos el vino. Aprovechamos para rascar el fondo con la cuchara de madera para arrancar todos los jugos de la cacerola.

Cuando el arroz haya tomado todo el vino, y sin parar de remover y voltear el arroz, iremos añadiendo la infusión de boletus bien caliente, poco a poco, con un cazo, y sin dejar de remover y remover.

La potencia del fuego a 7 sobre 10, los primeros 5 minutos. Después bajaremos a 6 sobre 10.

Cuando el arroz tome el primer cazo le echamos el siguiente, así hasta que el arroz tome toda la infusión y después, con el caldo de pollo o verdura, también bien caliente, iremos haciendo el mismo proceso, sin parar de remover y voltear hasta que pasen veinte-veintidós minutos, contados desde la primera cucharada de caldo de boletus.

Veremos cómo el arroz se ha hinchado y está meloso. Es la hora de apagar el fuego y añadir 100 gr. de parmesano, remover todo bien hasta que se integre y ya está listo para servir.

Acompañaremos a la mesa con 50 gr. de parmesano para que los más queseros enriquezcan a su gusto el risotto.

Ojo, no vale cualquier arroz. Debe de ser de la variedad arborio, el más fácil de encontrar, o carnaroli.

Sin sobresaltos y con avances notables en las heridas, avanza el mes de marzo sin incidencias.

A mediados de mes teníamos visita rutinaria con el doctor Nogués. Qué duros son los asientos de madera de la enorme sala de espera y qué poca protección tengo yo en la parte baja de la espalda. Con la sala repleta de enfermos y acompañantes, como siempre, envuelta en un sonido hueco, amortiguado, todos hablaban en un tono bajo, haciendo que el conjunto fuera un rumor ininteligible.

Después de un buen rato sonó mi nombre por la megafonía.

—Tengo buenas noticias, Francisco —dijo el doctor Nogués—. Según el último análisis, ya no eres portador de la acinetobacter, por lo que hemos hecho todos los trámites para que te admitan y puedas hacer sesiones de cámara hiperbárica. Te doy informes y resultado de las pruebas que te hemos hecho para ser admitido al tratamiento, y ya tienes programada la primera visita con el especialista del hospital.

El 5 de abril de 2011 empecé el tratamiento. Tenía la oportunidad de ayudar a mi cuerpo con un tratamiento novedoso y muy indicado para muchas cosas que sufría. La cámara hiperbárica podía ayudar a aumentar el flujo sanguíneo en tejidos mal irrigados, mejora el sistema inmunológico, mejora la fatiga, mejoras en la piel, en los dolores musculares, disminuye síntomas de depresión, tiene acción bactericida, disminuye y ayuda a combatir los zumbidos o acúfenos. En todo eso me podía ayudar y tenía que aprovechar la oportunidad.

No era fácil moverme. Era una persona tremendamente frágil, con muy poca energía, dependiente de otra persona para moverme fuera de casa, y la constancia que requería ese tratamiento, en desplazamientos diarios, cumpliendo un horario rígido, no sabía si podría cumplirlo. Con las visitas programadas ya tuve más de una anulación por no poderme mover de la cama. Tocaba espabilar.

Quería formalizar una vida, nueva en muchísimas cosas, fuese cual fuese, dejar atrás la zona de guerra. Reconstruir mi vida. Y a partir de este justo momento fue cuando pasó. Dejé de ser un ingresado crónico y me convertí en un abúlico esperanzado, sacando el resto de la resiliencia que aún habitaba en mí. Chelo siempre me recuerda que entré en silla de ruedas y salí caminando con cierta soltura.

Hacía buen tiempo esa primavera. Íbamos en coche cada día, de lunes a viernes, sobre las doce del mediodía, a darme el tratamiento. No falté ni un día. Chelo conducía los escasos 10 kilómetros que nos separaban del hospital Moisès Broggi de Sant Joan Despí y que, en tiempo, a veces nos llevaba 15 minutos y otras veces 25, según el tráfico, ya que era inevitable pasar por el nudo de Sant Vicent dels Horts o el de Cornellá-Sant Boi.

Nos daban tratamiento a 17 personas a la vez, casi todos con distintos problemas. No es muy difícil de adivinar que yo era el paciente más delicado. Dentro de la gran cabina, y siempre acompañados de un médico, pasábamos alrededor de una hora dentro del gran artilugio. No había que hacer gran cosa. Sentados en cómodos asientos, una vez que alcanzaba la cabina la presión correcta, nos hacían poner una especie de escafandra que, alimentada por un tubo, nos enchufaba el oxígeno puro a una presión alta.

Era un poco claustrofóbico, pero no era un problema para mí. En esa hora de tratamiento, y mientras la cabina llegaba a la presión correcta, mis compañeros hablaban de sus cosas, sobre todo de sus dolencias. La mayoría venía de clínicas privadas, incluso de las islas Canarias, a tratarse la poca audición o los acúfenos que sufrían. Alguno por ser diabético y con la dificultad que eso conlleva para cerrar heridas. Otros venían por fístulas en el cuello o boca, y otros guardaban silencio por el beneficio que buscaban. Lo mío era muy obvio: el traqueostoma, la fístula del cuello y mi debilidad delataban mis intenciones sin duda alguna.

Pasaba el tiempo del tratamiento leyendo. Leí un estupendo libro de Javier Reverte, mi escritor favorito, titulado *El río de la luz*, un magnífico relato de viajes que me hizo volar a la costa oeste de Estados Unidos, navegar por el mar de Bering y, sobre todo, al río Yucón y su fiebre del oro a su paso por Alaska y Canadá.

También leí al televisivo Eduard Punset con su exitoso libro *El poder de la mente,* que mis compañeros no pararon de interrogarme sobre él. Sin duda Javier Reverte ganaba por goleada.

Como bien recuerda Chelo, salí andando por mí mismo después de darme todas las sesiones. Digamos que había multiplicado mi resistencia por tres. Ya era capaz de andar más o menos un cuarto de hora por plano y las heridas mejoraron notablemente hasta cerrar del todo. Dejaron de venir las enfermeras y el médico de cabecera a casa. Dejé medicamentos y vendas atrás. Dejé muchas cosas atrás.

La primavera fue tranquila en general y al comenzar el verano, después de pasar por varias cánulas, me colocaron la ansiada cánula de plata. Era el último paso a dar para liberarme del maldito traqueostoma. Esta cánula tiene la particularidad de estar fenestrada o agujereada, para dejar paso de aire a la nariz, boca y cuerdas vocales, dejando tapado el traqueostoma a voluntad y volviendo a respirar como lo hace todo el mundo. Me indicaron cómo debía ejercitar con ella y que fuera prudente y perseverante. No os podéis imaginar las veces que lo hacía al día y lo mal que lo pasaba.

No tenía todas conmigo de poder conseguir respirar naturalmente como antes del traqueostoma. Hasta que un día pasó. Me lancé y pasó. Conseguí conciliar el sueño solo respirando por nariz y boca, sin ayuda de la cánula. Un día muy deseado, muy importante para mi futuro. Un día muy feliz.

Recuerdo perfectamente la cara del doctor Nogués cuando le dije que ya no respiraba por el maldito tubo. Llamó a muchos colaboradores suyos para darles la buena nueva. Ese mismo día me liberó de ella. Salí de su consulta con una sonrisa de oreja a oreja. Era muy feliz.

A mediados de agosto la fistula del cuello por fin cerró. Dejaba mi boca sellada sin excusas ni artimañas para poder hacer las ansiadas pruebas de deglución.

Tenía programada para principios de septiembre visita con los otorrinos, y sería mi primera petición sin ninguna duda.

Hasta que llegara ese día, yo seguía con el deseo aún más encendido.

Txaber Allué es profesor universitario y mi blogger favorito. Su canal de cocina *Cocinero fiel* me lo repasé desde sus inicios. Sus recetas, su sencillez para explicarlas, su habilidad con el medio audiovisual y la tremenda autenticidad que refleja su blog me tenían hipnotizado.

A Sergio Fernández en *La mañana* de La 1 y al simpatiquísimo Karlos Arguiñano los seguía a diario.

Más tarde llegó Martín Berasategui y David de Jorge con el programa *Robin Food.* Un espacio muy divertido que también seguía por la red. Son dos virtuosos de la cocina que muestran una cultura gastronómica sin un matiz de pedantería y mucho de sabiduría.

Y, por supuesto, los hermanos Torres. Una cocina televisiva muy auténtica, replicable y divertida.

Y para envolverlo todo no podía faltar Mikel López Iturriaga, El Comidista. Lo aúna todo, videoblog, televisión, radio, prensa, con un estilo desenfadado y académico que toca todos los intríngulis culinarios.

El doctor Nogués me invitó a sentarme en la incómoda silla de otorrinos. Preparó el fibroscopio, que introdujo por mi nariz para tener una vista privilegiada de mi glotis, e indicó a su ayudante que me diera una cucharada de flan.

—Francisco, cuando tengas el flan en la boca, hecha la cabeza hacia atrás con una pequeña inclinación hacia la derecha e intenta deglutir.

Sabe Dios que lo intenté con lo que me queda de movilidad en la lengua, con lo que queda de glotis y con toda el alma.

La prueba no fue algo definitivo. Quedaron dudas de si algo había entrado por mi gaznate y tosí mucho. El doctor Nogués me animó a seguir probándolo en casa, con mucha prudencia, con alimentos con cierta espesura, pero sin cuerpos sólidos, como natillas, flanes o yogures. No fue un éxito, pero me valía. Me dejaba intentarlo y eso despejaba la mayor temeridad que era la incapacidad rotunda para comer.

Pronto sufrí mi primera neumonía causada por aspiración de alimentos. Unos antibióticos y unos días de reposo solventaron la fiebre y la infección.

En casa no paraba de intentarlo con todo lo que podía meterme en la boca. Lo probaba constantemente y no me iba muy bien. Tosía mucho y Chelo desesperaba conmigo. Me levantaba de noche mientras ella dormía y lo intentaba sin cejar en mi tozudez. Estaba avisado del gran problema de obcecarme en comer por la boca. Aparte de que se fuera parte de alimento hacia el pulmón provocando una seria infección, estaba el problema de que cualquier cuerpo sólido obturara el paso de aire y me provocara asfixia. Probaba con todo tipo de alimentos y texturas. A base de ensayo-error, empecé a tomar con mucha precaución cosas muy líquidas como agua y caldos que, aunque también con tos, entraban mucho mejor que los flanes, yogures, natillas y todas esas texturas espesas que me costaba tanto deglutir.

Fue una etapa muy dura. Un esfuerzo enorme que, poco a poco, iba teniendo recompensa, aunque a un precio muy alto. No disfrutaba lo más mínimo, tosía con todos los alimentos que intentaba tragar y comer con cierta normalidad aún podría ser una quimera.

Llegó la segunda neumonía. Empecé a tener una más que visible tiritera y la fiebre no tardó en ponerse a 38,5º. Chelo me llevó de urgencias al hospital de Bellvitge, donde un otorrino del equipo del doctor Nogués nos atendió en su minúsculo despacho. Gustavo es un joven doctor muy simpático y amable de nacionalidad mexicana que siempre vestía pantalón vaquero con botas de piel tipo camperas. Estaba perfectamente informado de todo el periplo por donde había pasado y siempre me transmitía buenas vibraciones.

Después de las pruebas pertinentes me diagnosticó la neumonía.

—Gustavo, estoy un poco desesperado. Quiero comer, sé del peligro que eso conlleva con lo desestructurada que tengo la boca, pero no voy a renunciar, aunque lo estoy pasando muy mal. Me cuesta mucho —dije al doctor.

Después de explicarle lo que hacía y cómo lo hacía, y asegurarle que era consciente del peligro que corría, le pedí consejo.

—Francisco, échale huevos, no hay otra.

Y es lo que seguí haciendo.

Última anotación en el diario escrito:

Diario, viernes 13 de abril de 2012

Un año más tarde vuelvo al diario mirando el mundo con otros ojos y otra aptitud. El miedo ya no está instalado en mi vida. Solo pequeños momentos me angustian cuando inevitablemente pienso por donde he pasado. Mi vida ha cambiado radicalmente, mi cuerpo también. He pasado y superado muchas situaciones.

Enfrentarse a la vida es el mayor reto. Morir es más fácil de lo que pensaba.

Quiero cerrar este relato porque ya no me duele nada más que vivir. Necesito olvidar lo que pasó a partir de este momento. Quiero dejar de mirar atrás, encerrar en tinta mi pesadilla y soñar con lo que queda por andar.

Soy una persona muy diferente al que era hace 7 años. Y quién no.

La vida pasa dejando surcos en la cara y en el alma a todos sin excepción. Me adapto a los cambios de mi cuerpo lo mejor que puedo sin temer a los que vendrán pronto e inevitablemente. Procuro evitar el estrés que dan los problemas mundanos, que nos despistan continuamente de lo verdaderamente importante de la vida y que solo la desgracia nos hace verlo con claridad.

Llevo meses dando gracias por vivir, y lo hago literalmente muchas mañanas cuando despierto. Al abrir los ojos y ver la luz del día, le hago una peineta a la muerte, sí, a ese ser frío y oscuro, vestido con capa y capucha, y que porta en una mano una gran guadaña bien afilada. Alzo la mano y con el dedo corazón bien recto, a él se la dedico. Y no como una victoria, porque sé que un día me ganará, simplemente le digo: aún no.

Y sí, volví a comer. Puedo sentarme en la mesa con mi hijo Eric y con Chelo y comernos mi deseo hecho en risotto. Y también puedo sentarme como mi padre y con mi hermano David y comernos dos huevos fritos con su morcilla y chorizo, tal como le prometí cuando estaba desahuciado. He podido sentarme con mis amigos y con mis familiares y disfrutar de su compañía y de la mesa.

Deseos cumplidos, premios alcanzados con mucho esfuerzo, que me dejan relacionarme en mi entorno de una manera algo más natural, que hacen que valga la pena haber respirado de nuevo.

Aún queda algún deseo por cumplir, pero... eso es otra historia...

AGRADECIMIENTOS

Gracias infinitas al doctor Julio Nogués Orpí, jefe de sección de otorrinos del Hospital de Bellvitge.

Gracias a:

Equipo de Otorrinolaringología del Hospital de Bellvitge:

- Jefe de servicio doctor Manuel Maños Pujol.
- Doctora Laura Palomino.
- Doctora Anna Ferré.
- Doctor Francesc Xavier González Compta.
- Doctor Jordi Tornero Saltó.
- Doctor Gustavo Adolfo Suarez.
- A todos los profesionales de la planta 13, a sus equipos de enfermería y auxiliares.

Equipo de cirugía plástica del Hospital de Bellvitge:

- Jefe de servicio doctor Joan María Vinyals.
- Doctora Diana Perez Sidelnikova.
- Doctor Tiago Gomes Rodrigues.

Unidad de trombosis y hemostasia:

- Doctor Pere Domenech.
- Doctora Elena Pina Pascual.
- A Conchita del equipo de enfermería.

Servicio de Oncología médica:

- Jefe de servicio doctor Ricardo Mesía Nin.

Equipo de Oncología Radioterápica:

- Doctora Alicia Lozano Borbalas.

Unidad de nutrición:

- Doctora Lorena Arribas.
- Doctor Iñaki Elío.

Profesionales de la Unidad de Reanimación Postquirúrgica (RPQ) y a la Unidad de Cuidados Intensivos (UCI) del Hospital de Bellvitge:

- Doctora Elisabeth Periche Pedra.

Equipo de Cirugía General y Digestiva y a su equipo de enfermería del Hospital de Bellvitge.

Unidad Terapéutica Hiperbárica del Hospital Moisés Broggi:

- Jefe de servicio doctor Jordi Desola.
- Doctor Evangelos Papoutsidakis.
- Doctor Pere Martos.

Servicio de Dermatología del Parc Sanitari Sant Joan de Deu:

- Jefe de servicio doctor Jordi Graells Estrada.

Servicio de Pneumología del Parc Sanitari Sant Joan de Deu:

- Doctora Rosana Hernando Salvador.

Centro de Atención Primaria Molí Nou de Sant Boi de Llobregat:

- Doctor Carles Fusté.
- Al equipo de enfermería, Eva, Mireia, Montse y Paco.
- Al personal de servicio y a todos sus profesionales.
- Gracias, Gemma.

Muy agradecido a todo el colectivo
de enfermería, auxiliares y celadores
del Hospital de Bellvitge. A Adela, a Samuel,
a Rocío, a Antonio, a Jose María, a Elisa, a José,
y a muchos de ellos que recuerdo su cara
y su generosidad y no sus nombres.

Gracias a todos los que desearon mi recuperación
y mandaron buenas palabras.

A los míos, amigos y familiares,
gracias por vuestro tiempo, por desplazaros
desde tan lejos, de sacar tiempo después
de tantas horas de trabajo y obligaciones,
y por darme tanto amor. Me he sentido
muy acompañado y querido.

Gracias Manuel, Joaquín y Pedro,
por veros tanto en momentos tan duros.

Gracias a Antonio, mi padre, siempre estabas.

Gracias a Montse, Lola y David por reclamar
esperanza en los momentos más críticos,
aportando lo mejor y lo más valioso de cada uno.

www.ingramcontent.com/pod-product-compliance
Lightning Source LLC
LaVergne TN
LVHW012049160826
845678LV00014B/2764

* 9 7 8 8 4 1 7 4 8 7 2 0 1 *